REVUE AFRICAINE DE DROIT ET D'ÉCONOMIE DU SPORT

Cofondateurs et Directeurs de publication

Jean Jacques NOUYADJAM (Cameroun),
Avocat au Barreau du Cameroun,
Membre de l'Association Française d'Arbitrage,
Membre de l'Association Internationale des Avocats du Football,
Président de l'Association Camerounaise des Avocats en Droit du Sport.

Moustapha KAMARA (Sénégal),
Docteur en Droit du sport,
Avocat du sport au barreau de Marseille et titulaire d'un MBA,
Professeur à l'EAJF de Paris (France).
Professeur associé à EDC Paris Business School.

Anciennement appelée **Revue Camerounaise de Droit du Sport,**
La Revue Africaine de Droit et Économie du Sport
vise non seulement à sensibiliser à travers la mise à disposition de textes relatifs au sport ainsi que des chroniques de législation, mais aussi à introduire dans notre environnement, un débat nourri, à partir de contributions originales sous la forme d'articles de doctrine, commentaires de décisions et pratique ; lesquels contribueront à terme à la professionnalisation du sport en Afrique.

REVUE AFRICAINE DE DROIT ET D'ÉCONOMIE DU SPORT

N° 2 - Septembre - 2023

L'Harmattan

5-7, rue de l'École polytechnique, 75005 Paris

www.harmattan.fr

ISBN : 978-2-14-034653-8
EAN : 9782140346538

COMITÉ SCIENTIFIQUE

Pr ABDOULAYE SAKHO (Sénégal)

Pr AIVO AKINDAYO Gérard (Bénin)

Pr AKONO ONGBA Sedena (Cameroun)

Pr BACHIR ZOUDJI (Algérie)

Pr BOMBA Dénis Thérèse (Cameroun)

Pr Claude BOLI (Côte d'Ivoire)

Pr DOSSO Karim (Côte d'Ivoire)

Pr FOKO Athanase (Cameroun)

Pr FOUMENA Gaëtan Thierry (Cameroun)

Pr GBEOU-KPAYILE Nadjombé Gmagnido (Togo)

Pr GUESSELE ISSEME Lionel (Cameroun)

Pr KOM KAMSU Maurice (Cameroun)

Pr KUATE TAMEGHE Sylvain (Cameroun)

Pr LEKEBE OUMOUALI D. Jospin (République du Congo)

Pr MOUTHIEU Epse NJANDEU Monique Aimée (Cameroun)

Pr NDIAYE Sidy Alpha (Sénégal)

Pr NYABEYEU TCHOUKEU Léopold (Cameroun)

Pr OUEDRAOGO Djibrina (Burkina Faso)

Pr Spener YAWAGA (Cameroun)

Pr TAMASANG Christopher (Cameroun)

Pr TAMKAM SILATCHOM Armel (Cameroun)

Pr TCHAKOUA Jean Marie (Cameroun)

Pr TJOUEN Alex (Cameroun)

Pr WLADIMIR ANDREFF (France)

Dr KANTCHOP Thierry (Cameroun)

Dr KODJI ZRA DRA (Cameroun)

Dr MBEM LISSOUCK Blaise (Cameroun)

Me ENGUELEGUELE Stéphane (France)

Me HAPPI Dieudonné (Cameroun)

Me Michel PAUTOT (France)

Me Serge PAUTOT (France)

SOMMAIRE

ÉDITORIAL

SPORT ET DROIT SOCIAL : GENÈSE, ÉVOLUTION ET PERSPECTIVES

Gislain Grégory TSASSE SAHA

Maître de conférences

Université de Yaoundé II

Les liens entre le sport et le droit en général constituent un objet d'étude récurrent[1]. L'organisation des activités sportives en est une illustration parfaite. En effet, les fédérations sportives, le plus souvent des associations de droit privé sont à l'origine de la création des règles de droit permettant le fonctionnement, la promotion et le développement de l'activité sportive qu'elles organisent[2].

Au départ et pendant très longtemps, le sport a été ignoré par le droit social. La raison en était simple : le sportif était essentiellement un amateur. Cependant, avec l'apparition du profes- sionnalisme dans l'activité sportive, il devenait évident que le droit social ne pouvait plus se désintéresser du sort des joueurs devenus salariés[3]. Par la suite, la doctrine s'est inté-ressée à la relation de travail unissant

[1] X. AUMERAN, *La protection sociale du sportif salarié*, LGDJ, 1997, p.1

[2] Voir dans ce sens pour ce qui est de la seule discipline qu'est le football, les règlements généraux de la Fédération Camerounaise de Football (FECAFOOT) adoptés par l'assemblée générale du 26 juillet 2019; le code disciplinaire de la FECAFOOT adopté à l'assemblée générale extraordinaire du 13 juillet 2021 ; les statuts de la FECAFOOT adoptés par l'assemblée générale du 26 juillet 2019 et enfin les statuts de la ligue de football professionnel du Cameroun adoptés par l'assemblée générale de la FECAFOOT du 26 juillet 2019.

[3] D. ASQUINAZI-BAILLEUX et G. VACHET, Préface, la protection sociale du sportif salarié, op.cit. p. VIII.

le club sportif au joueur : nature du contrat de travail, efficacité des clauses résolutoires insérées, rupture de la relation de travail, droit disciplinaire, relation collective de travail et contentieux de travail. L'on a parlé du critère de liaison entre le sport et le droit social.

Plus tard, a émergé un nouveau critère développé par Jean Pierre KARAQUILLO : celui de l'adaptation ou de la non adaptation du droit social aux activités sportives. Cet auteur déclare en substance : *« L'interrogation majeure ne consiste à vrai dire, plus à s'essouffler dans l'évidente liaison, fortifiée par des exemples multiples et variés, entre sport et droit social »*[4]. Il s'agit davantage de s'intéresser à *« l'adaptation ou la non adaptation de ce droit aux activités sportives qu'il prétend régenter »*[5]. Les illustrations de ce nouveau critère sont multiples : par exemple, le régime actuel des pensions de vieillesse, d'invalidité et de décès est-il adapté à l'activité ou la carrière sportive qui a la particularité d'être de courte durée ? En matière d'accident de travail, peut-on transposer l'obligation de sécurité-résultat quand dans un match de rugby, il est question de châtier l'adversaire ? La fédération sportive a-t-elle qualité de se substituer à l'employeur ou le club sportif dans la fixation de la rémunération des joueurs ? Enfin, avec le concours de compétences ouvert par le législateur de 2018 au Cameroun[6] dans le domaine du contentieux, on peut légitimement s'interroger sur la capacité des juridictions sportives saisies, à traiter du contentieux de la sécurité sociale (contentieux des prestations ou contentieux médical) dans lequel est impliqué un sportif salarié. Aujourd'hui, en prenant appui sur cette problématique récente dans la

[4] J-P KARAQUILLO, « Sport et droit social : Présentation générale », in Droit d'expression et d'inspiration française : sport et droit, 3 ème congrès de l'association égyptienne des juristes francophones, éd. Bruylant, 2000, p. 423.

[5] *Ibidem*

[6] Il s'agit précisément de la loi numéro 2018/014 du 11 juillet 2018 portant organisation et promotion des activités physiques et sportives au Cameroun.

coexistence entre le droit social et le sport, une certitude se dégage : de nombreuses règles de droit social en général s'avèrent inadaptées à l'activité sportive salariée. Devant cette inadaptation, la doctrine majoritaire[7] propose de recourir à un droit conventionnel complémentaire dont les sources seraient à la fois la convention collective et le règlement fédéral. Cette solution a le mérite d'épouser les contours du droit du travail et de la sécurité sociale tout en intégrant les dispositifs individuels et collectifs développés par les différents acteurs de l'activité sportive.

[7] X. AUMERAN, La protection sociale du sportif salarié, *op. cit*, pp. 230 et ss. D. AS- QUINAZI-BAILLEUX et G. VACHET, Préface, la protection sociale du sportif salarié, op.cit, p. VIII.

I. DOCTRINE

RESPONSABILITÉ DES ORGANI- SATIONS SPORTIVES : ESQUISSE D'UNE ANALYSE À PARTIR DES AGISSEMENTS DES SUPPORTERS DANS LES STADES DE FOOTBALL

Pascal VONDOU

Docteur en droit privé, Faculté des Sciences Juridiques et Politiques, Université de Maroua

Résumé L'organisation des manifestations sportives et particulièrement de football est parfois perturbée par les comportements déviants des supporters. En effet, le fanatisme et l'appartenance des foules à leurs équipes conduisent les supporters à adopter des comportements violents pouvant atteindre à la sécurité des sportifs ou à celle de toute autre personne se trouvant à l'intérieur ou à l'extérieur des stades. Cette sécurité est une composante essentielle pour le bon déroulement des matchs de football. Les clubs sont donc directement sujets à des comportements qui peuvent leur porter atteinte ou porter atteinte à autrui. C'est la raison pour laquelle l'obligation de sécurité dans les stades est un impératif. Parce que, l'effacement progressif de la responsabilité individuelle (des personnes physiques) au profit d'une responsabilité collective (des personnes morales) entraine depuis quelques années, une évolution de la jurisprudence dans le sens d'une plus grande responsabilité du club sportif, nous avons envisagé l'analyse de la responsabilité de l'organisateur des matchs de football du fait des agissements de ses supporters. Cette étude s'est appesantie sur l'obligation de sécurité qui incombe à ces organisateurs et la responsabilité qui en découle

Résumé lorsque des manquements sont observés. Toutefois, même si nous avons pu établir les fondements de cette responsabilité au plan civil, il n'en demeure pas moins que les responsabilités disciplinaire et sportive sont engagées sur les fondements des règlements de cette discipline spécifique.

Mots clés Organisation sportive, agissements, violences, supporters et responsabilité.

Introduction

L'organisation des manifestations sportives est loin d'être un évènement isolé. À côté des acteurs sportifs, que sont les joueurs et les organisateurs se trouvent des supporters qui se déplacent en masse pour soutenir leurs équipes. Cette mobilisation des supporters s'accompagne très souvent par des comportements jugés parfois pacifiques, mais aussi parfois violents[1] et pouvant conduire à la mise en œuvre des responsabilités[2]. En l'occurrence la responsabilité pénale, administrative, disciplinaire ou civile[3], puisque ces agissements sont la cause des infractions perpétrées et des dommages subis lors des rencontres sportives. Si la responsabilité pénale des organisateurs du fait des supporters semble très difficile à mettre en œuvre[4], la responsabilité disciplinaire ou civile des groupements sportifs quant à elle peut être retenue, lorsque dans l'organisation sportive, certaines obligations[5] qui leurs sont imposées ne sont pas respectées.

Les obligations inhérentes aux organisateurs d'évènements sportifs ont largement été étudiées en droit du sport. Parmi les différents travaux figure en bonne place celui du professeur Pierre WESSNER, repris par Benoit CHAPPUIS et Franz WERRO,

[1] J. COHEN, *Droit du sport et droit pénal : recherche d'un équilibre*, thèse, Université d'Aix Marseille, 2015, p. 235.

[2] F. ROUX, S. SEYSSEL et J-P. VIAL, « Manquements dans l'organisation d'un évènement sportif et responsabilités », *Revue européenne de management du sport (REMS)*, n° 33, 2012, p. 21.

[3] GWENDOLINE, *Responsabilités et réparation du dommage corporel des accidents sportifs*, Thèse, Université de Lorraine, 2018, p. 51. ; R. PORTES, *Le sport amateur et le risque*, thèse, Université de Montpellier, 2014, p. 159.

[4] En vertu du principe à valeur constitutionnelle, selon lequel, « *le principe de personnalité des peines est le principe de droit pénal selon lequel on ne peut condamner une personne pour un fait punissable qu'elle n'a pas elle-même commis. Autrement dit, une personne ne peut être punie en raison d'une infraction commise par une autre personne* », à l'exception de la responsabilité pénale indirecte ou directe du fait d'autrui ex : paiement des amendes). Cf. recours formé devant le juge administratif par le Club de PSG en annulation de l'application de l'art. 129-1 du Règlement général de la FFF sanctionnant le club d'un match à huit clos avec sursis et d'une amende. C'est d'ailleurs sur le fondement de la personnalité des peines que le juge administratif s'est prononcé en déclarant illégal l'art. litigieux méconnaissant ce principe.

[5] E. DUBEC, « Gouvernance et responsabilité des dirigeants associatifs », *Revue fiduciaire*, Cahier n° 1, 19 mars 2015, pp. 19-32.

notamment sur la responsabilité civile des clubs sportifs pour les actes des supporters[6]. La position défendue n'est certes pas nouvelle, mais elle a pris ces dernières années une acuité particulière qui justifie qu'ils aient bien voulu examiner à nouveau les fondements juridiques susceptibles d'engager la responsabilité des clubs sportifs pour les agissements issus des supporters lors des évènements sportifs. La présente étude va au-delà, elle se propose non seulement d'analyser la responsabilité des clubs, mais aussi et surtout la responsabilité des organisateurs de football de manière générale. En effet, le responsable des événements survenus à l'occasion d'une rencontre sportive est l'organisateur[7], considéré comme toute « *personne qui assume la tâche de mettre effectivement sur pied une manifestation et se charge de prendre concrètement les mesures propres à en assurer le bon déroulement* »[8]. Il est en particulier responsable des mesures de précaution nécessaires pour assurer la sécurité des spectateurs et des joueurs[9] contre les agissements des supporters. L'organisateur au sens large peut donc être, soit le club sportif, soit les instances nationales et internationales de football, que sont les fédérations sportives nationales et internationales y compris les collectivités publiques.

Le mot supporter, vient du verbe anglais « *to support*[10] » qui, signifie soutenir. Il s'agit donc des personnes qui soutiennent leurs équipes. Il

---

[6] B. CHAPPUIS, F. WERRO et B. HURNI, *La responsabilité du club sportif pour les actes de des supporters*, en ligne https://chappuislex.ch, consulté le 21/10/2022 à 14H53.

[7] *Ibid.*, p. 66.

[8] J. BONDALLAZ, « La responsabilité de l'organisateur d'une manifestation sportive en droit suisse », *in* P. ZEN- RUFFINEN, *Droit et sport*, Berne 1997, pp. 63-64. (cité : BONDALLAZ J., Responsabilité) ; O. ARTER, *Der Zuschauer im* Sport, *in* Arter O. (éd.), Sport und Recht : 2. Tagungsband, Berne 2005, pp.31-37 ; O. ARTER, E. SCHWEIZER, *Die Verantwortlichkeit des Veranstalters von Sportanlässen in* O. ARTER (éd.), *Sport und Recht, Berne* 2003, 17 ss, 20 ; A. BICHOVSKY, *Prévention de la violence commise par les spectateurs lors de manifestations sportives : étude des mesures préventives et de la responsabilité de l'organisateur à la lumière du droit comparé, du droit suisse et du droit associatif,* Lausanne/ Bâle 2009, p. 21.

[9] Résolution du 04 décembre 2006 le Conseil européen a adopté une définition très large de l'organisateur, défini comme toute « personne morale ou physique qui, de sa propre initiative ou à l'initiative d'une tierce partie, organise ou fait organiser, en tout ou en partie, un match de football national ou international » ; la définition n'est plus reprise dans la nouvelle Résolution du Conseil du 3 juin 2010 (JO C 165 du 24 juin 2010, 1 ss).

[10] A. DAUZAT, J. DUBOIS, H. MITTERAND, Dictionnaire étymologique et historique français.

se distingue du spectateur en ce sens qu'il désire une victoire de ses favoris, quelle que soit la qualité du match. Il n'apprécie pas les belles actions de l'adversaire. Le supporter est actif, tandis que le spectateur est passif, et recherche un spectacle de qualité, sans se soucier de l'équipe qui le lui offre[11]. C'est pourquoi, certains auteurs qualifient les supporters comme ceux-là qui veulent voir gagner leur équipe[12], en adoptant parfois des comportements violents. Ces comportements sont un phénomène des temps modernes, qui entraînent des déchaînements qu'il faut craindre. Il s'agit d'un phénomène qui n'est pas nouveau, les actes commis n'ont pas seulement pour conséquences les atteintes à l'intégrité physique, ils peuvent se manifester par des violences verbales et ou psychologiques. Les agissements des supporters ne cessent de prendre de l'ampleur au fil des années[13], à telle enseigne qu'on dénombre plusieurs catégories de supporters, parmi lesquelles se trouve les catégories dite violente et non violente se manifestant par des présences régulières dans les tribunes. Ceux-ci agissent par des intimidations y compris par les slogans et comportements insultants.

Jennifer COHEN[14], les qualifie de violents parce qu'ils se caractérisent par des bagarres allant parfois jusqu'aux dégradations des biens effectuées tant à l'intérieur qu'à l'extérieur des enceintes sportives et, par des violences physiques entre groupes de supporters ou entre ceux-ci et les forces de l'ordre[15]. Ces supporters sont issus des milieux sociaux variés, principalement des catégories populaires et moyennes, qui sont dans des situations sociales difficiles et, évoluent dans des milieux

[11] N. HOURCADE, « La place des supporters dans le monde du football », *Pouvoirs*, vol. 2, n° 101, pp. 57-87.

[12] P. DURET et P. MIGNON, *La violence dans les stades : supporters, ultras et hooligans*, INSEP, 1995, cité par J. COHEN, *Droit du sport et droit pénal : recherche d'un équilibre*, *op. cit.*, p. 235.

[13] S. GUILBERT, « La violence en sport : un produit socioculturel », *Journal du droit des jeunes*, vol 8, n° 288, 2009, p. 21.

[14] J. COHEN, *Droit du sport et droit pénal : recherche d'un équilibre*, *op. cit.*, p. 236.

[15] Rapport de l'Assemblée nationale française : sur la proposition de la loi relative à la prévention des violences lors des manifestations sportives, 5 avril 2006, n° 3011, p. 5.

où l'usage de la force est largement accepté[16]. Leur comportement est aujourd'hui considéré comme l'un des principaux maux auquel le sport doit faire face. Cependant, l'utilisation du concept de supporters est confus et laisse penser que ce phénomène est uniforme et stable, lorsqu'on le rattache aux hooligans[17] en Europe, dans la mesure où, les incidents causés par des supporters sont de natures diverses, que leurs formes varient dans l'espace et dans le temps et que les individus considérés comme hooligans ont quant à eux, des profils pluriels[18]. Toutefois, l'emploi de l'un ou l'autre des deux concepts ne pose aucun problème dans la démonstration de notre analyse, puisque l'essentiel est la détermination de la personne qui doit répondre.

C'est ici que se situe toute la difficulté sur l'imputabilité de la responsabilité de la personne qui en assume les conséquences. Les auteurs pensent que les clubs et associations sportives sont responsables des actes de leurs supporters[19], dans la mesure où «*le sport est le reflet de la société, par conséquent les actes délictueux qui en résulte doivent être sanction- nés par les règles de droit régissant ladite société. Il est donc important de s'intéresser à ce phénomène de violence, car il est perçu comme une menace à l'ordre public »* [20]. Cela amène à dire que, le club organisateur doit répondre des actes

[16] N. HOURCADE, «Hooliganisme : un phénomène pluriel», *Revue internationale et stratégique*, vol 2, n° 94, 2014, pp. 127-134.

[17] Une sorte de déviance élevée des supporters se traduisant par des insultes, des violences verbales et physiques, des manifestations racistes et xénophobes, *etc.*

[18] Le mot « hooligans » apparaît au début du XXe siècle, en Angleterre puis en Europe de l'Est. Il désigne alors des voyous au comportement asocial, indépendamment d'un quelconque contexte sportif. Son utilisation dans le monde du football date des années 1960, quand des groupes de jeunes supporters britanniques se mettent à causer des incidents de manière récurrente. Ces fans violents sont qualifiés par les médias de « thugs » (voyous) ou de « football hooligans », nom qu'ils finissent par s'approprier. Dans les années 1970 et 1980, du fait notamment de l'essor des compétitions internationales, les hooligans britanniques font des émules sur le continent et la violence se répand autour des stades européens, v. N. HOURCADE, «Hooliganisme : un phénomène pluriel», *op. cit.*, p. 128.

[19] B. CHAPUIS et F. WERRO, «la responsabilité du club sportif du fait de ses supporters», en collaboration avec B. HURNI, p. 1., en ligne https://chappuislex.ch, consulté le 29/06/2022 à 14H26.

[20] N. HOURCADE, « Principes et problèmes de la politique de lutte contre le hooliganisme en France », *Archives de politique criminelle*, vol 1, n° 32, 2010, pp. 123-139.

dommageables de ses supporters. Ce phénomène qui touche en particulier le monde du football, sport populaire s'il en est, n'est pas seulement appréhendé par les règles du droit civil, les associations sportives ont élaboré des règles qui leur sont propres et qui leur permettent de prendre des sanctions disciplinaires à l'encontre de ceux de leurs membres qui ne les respecteraient pas[21].

Dans ce contexte, un intérêt certain suscite que l'on examine les moyens mis à disposition par le droit privé pour rendre compte de ce phénomène, en interrogeant les principes de base régissant toute situation dans laquelle intervient un acte des supporters qui cause un dommage. Les études révèlent que, les solutions apportées jusqu'à ce jour sont insatisfaisantes[22], malgré les actions menées et l'existence des conventions internationales[23], qui proclament formellement : *« de prévenir et de maîtriser la violence et les débordements de spectateurs lors de manifestations sportives... »*[24]. Face à cette situation, nous sommes tentés d'affirmer que les agissements des supporters sont sans conteste une menace grave pesant sur l'existence du sport de compétition. Si la solution semble s'imposer en rendant les clubs seuls responsables du comportement des supporters au sein des stades, on pourrait également s'interroger sur la responsabilité des supporters eux-mêmes[25]. Plus encore, la manifestation sportive en elle-même, dispose une part de responsabilité en ce sens qu'elle crée des oppositions et offre un espace où des antagonismes peuvent s'exprimer.

Toutefois, il faut savoir que le sport, et particulièrement le football est une discipline très spécifique. De ce fait, *« il faut savoir raison garder et ne*

[21] Art. 23 al. 1 et 2 des Règlements généraux de la FECAFOOT ; Art. 8 al. 1 du Code disciplinaire de la FECAFOOT ; v. art. 129-1 des Règlements généraux de la FFF.

[22] A. TSOUKALA, *Hooliganisme en Europe, sécurité et libertés publiques*, Distribution en Frace Paris, Athéna, coll. Sécurité, 2009, p.13 ; v. T. GRANDTURCO, « Violence dans les stades : pourquoi le législateur fait erreur », v. en ligne https://www.efl.fr, consulté le 14/05/2022 à 12H20.

[23] Série des traités européens, n° 120 : « Convention européenne sur la violence et les débordements de spectateurs lors de manifestations sportives et notamment de matches de football », Strasbourg, 1985.

[24] Art. 1 de la Convention précitée.

[25] T. GRANDTURCO, « Violence dans les stades : pourquoi le législateur fait erreur », v. en ligne https://www.efl.fr, consulté le 14/05/2022 à 14H36.

pas le dénaturer par des poursuites de toute part. Les pratiques sportives ne sauraient entraîner, de manière automatique un risque de poursuite dans la mesure où on finirait par porter atteinte à l'essence même du sport qui doit rester une activité ludique et d'épanouissement. La particularité du sport réside également dans ses spectateurs »[26]. Les supporters vouent un amour inconsidéré pour leur équipe et sont prêts à tout, pour défendre les défendre. Cependant, depuis le drame du Heysel qui a constitué « *le point d'orgue* » [27], le juge s'est souvent trouvé complètement limité au regard notamment de l'insuffisance des incriminations de droit commun pour réprimer les violences des supporters[28]. Évidemment, la logique viendrait de ce que le football est, de loin, le plus populaire et qu'une tradition de violence préméditée s'y est développée[29]. Cependant, si certains comportements des supporters sont susceptibles de tomber sous le coup de la loi pénale, d'autres sont tellement imprégnées par la spécificité du sport que c'est impossible de les rattacher au domaine pénal[30]. Ces errements ont pour conséquence une difficile appréhension des violences observées lors des manifestations sportives. Ce qui inéluctablement pose la question de la détermination de la responsabilité attachée à cet exercice. Pour faire simple, un cadre juridique approprié permettrait de faire asseoir l'action des pouvoirs publics et étendre le droit sportif de la sécurité[31]. En effet, il s'agit de la mise en place de mesures juridiques, dont la finalité sera de préserver la sécurité spatiale et temporelle, lors

---

[26] SPENER YAWAGA, « la responsabilité pénale des dirigeants des associations et fédérations sportives », acte de Colloque, Yaoundé, 2022, p. 4.

[27] J.P. VIAL, « Le spectacle sportif à l'épreuve du risque pénal », *Cah. dr. sport,* 2011, n°25, p. 45.

[28] SPENER YAWAGA, « la responsabilité pénale des dirigeants des associations et fédérations sportives », *op. cit.*, p. 4.

[29] Rapport d'information du SENAT français, renforcer la législation sur les violences des supporters, p. 6.

[30] J. COHEN, *Droit du sport et droit pénal : recherche d'un équilibre*, *op. cit.*, p. 239.

[31] Expression consacré en droit du sport pour désigner la sécurité des manifestations sportives, v. Guide sur la Sécurité des Grandes Manifestations Sportives dans le cadre du Programme mondial sur la sécurité des grands événements sportifs et la promotion du sport et de ses valeurs comme outil de prévention de l'extrémisme violent, p. 59.

des manifestations sportives[32]. Mais pour y parvenir, nous nous sommes focaliser à l'appréhender à travers les contours du droit sportif de la sécurité, mais aussi sur le droit civil, dans la mesure où les Fédérations sportives participent à une mission de service public. C'est pourquoi, il convient de s'interroger de manière fondamentale sur le régime de la responsabilité encourue par les organisateurs d'évènements sportifs du fait de leurs supporters ?

Les dispositifs de prévention et de répression ont été institués par les instances sportives nationales et internationales de football y compris par les ligues professionnelles et amènent les clubs affiliés à de strictes obligations en matière de sécurité des rencontres vis-à-vis des officiels, des équipes et du public. Le non-respect de ces mesures entraine la mise en œuvre d'une responsabilité dite objective (II), dont les fondements doivent être bien connus avant de prononcer des sanctions disciplinaires contre les clubs dont les supporters auraient causé des désordres à l'occasion des rencontres (I).

I. Les fondements de la responsabilité dite objective des organisateurs d'évènements sportifs du fait de leurs supporters

Les instances sportives ont institué une responsabilité disciplinaire des clubs du fait de leurs supporters, dite *« objective »* [33]. Cette responsabilité objective ou de plein droit désigne les cas de responsabilité civile dans lesquels la preuve d'une faute n'est pas nécessaire pour engager la responsabilité de l'auteur d'un dommage et dans lesquels ce dernier ne peut s'exonérer de la responsabilité dont on veut le charger en démontrant qu'il n'a commis aucune faute[34]. Pour définir les fondements de cette responsabilité, il faut se référer au droit commun, car la responsabilité encourue par l'organisateur d'un match de football obéit aux mêmes règles. Elle peut être de nature contractuelle ou délictuelle. De par sa nature, elle n'influence pas l'étendue

[32] M. MILLET, « Quelle politique pénale pour les violences des supporters amateur ? » *Archives de politique criminelle*, 2012, vol. 1, n° 34, pp. 267-285.

[33] E. TESSIER, « La responsabilité objective des clubs du fait de leurs supporters peut légitimement entrainer la suspension du stade », *in*, note de jurisprudence, droit du sport, Petites affiches, 23 décembre 2016, n° 256, p. 17.

[34] P. LE TOURNEAU, *Droit de la responsabilité et des contrats*, Dalloz action, 11 éd, 2017, p. 345.

de la responsabilité à laquelle le club ou l'organisateur s'expose. Ainsi, la responsabilité de l'organisateur d'une activité sportive peut être recherchée en se fondant sur la responsabilité contractuelle (A) d'une part, mais aussi sur la responsabilité délictuelle (B).

A. La responsabilité contractuelle de l'organisateur

En matière civile, l'organisateur peut engager sa responsabilité contractuelle ou sa responsabilité délictuelle. Rappelons que, pour engager la responsabilité contractuelle de l'auteur du dommage, il faut que certaines conditions soient réunies (existence d'un contrat). Autrement dit, lorsqu'il existe un contrat et que le dommage est consécutif à l'inexécution d'une obligation dudit contrat, l'action de la victime devra être une action en responsabilité contractuelle[35], une action en responsabilité délictuelle serait irrecevable. La démarche sera donc de constater que le dommage a eu lieu lors de l'exécution du contrat ou en dehors de ce dernier. Toutefois, les agissements des supporters peuvent avoir pour conséquence la mise en œuvre de la responsabilité de l'organisateur de l'évènement sportif. Bien évidemment, la qualification du contrat conclu entre la victime et le club sportif (1) et les exclusions contractuelles de cette responsabilité (2) devront être connues afin de mieux cerner la responsabilité contractuelle en ce domaine.

1. La qualification du contrat conclu par l'organisateur

Le contrat d'admission à un spectacle est le contrat par lequel une personne acquiert l'autorisation d'entrer dans l'enceinte sportive pour suivre une rencontre déterminée, en échange d'une rémunération[36]. Le contrat peut attribuer à cette dernière une place précise à l'intérieur du stade ou lui donner accès à un secteur bien déterminé[37]. Dans cette hypothèse, la responsabilité contractuelle va consister à sanctionner le non-respect d'un engagement contractuel par

---

[35] F. ROUX, S. SEYSSEL et J-P. VIAL, « Manquements dans l'organisation d'un évènement sportif et responsabilités », *op. cit.*, p. 11.

[36] E. TESSIER, « La responsabilité objective des clubs du fait de leurs supporters peut légitimement entrainer la suspension du stade », *op. cit.*, p. 71.

[37] V. le contrat d'admission en cas d'abonnement, cf. TC VS, arrêt du 15 juin 1979, RVJ 1980 197ss ; GUROVITS KOHLI A., 167.

l'une des parties (et particulièrement par l'organisateur), c'est-à-dire l'inexécution ou la mauvaise exécution des clauses du contrat signé.

Dans notre matière, les contrats comportent une obligation particulièrement contraignante à la charge de l'organisateur d'un événement sportif. En l'occurrence, l'obligation de sécurité, qui sera tantôt une obligation de moyen, tantôt une obligation de résultat, avec ce que cela entraîne comme conséquences en termes de contenu et de portée pour l'organisateur. En tant qu'organisateur d'une manifestation sportive, un club sportif est, selon la jurisprudence, tenu à une obligation générale de prudence et de diligence à l'égard tant des participants que des spectateurs[38]. L'article 1147 du Code civil dispose que : *« le débiteur est condamné, s'il y a lieu, au paiement de dommages et intérêts, soit à raison de l'inexécution de l'obligation, soit à raison du retard dans l'exécution, toutes les fois qu'il ne justifie pas que l'inexécution provient d'une cause étrangère qui ne peut lui être imputée, encore qu'il n'y ait aucune mauvaise foi de sa part »*. Cette responsabilité contractuelle trouve à s'appliquer dans le domaine sportif et notamment à l'égard de tous les acteurs sportifs y compris les supporters qui achètent leur place dans l'enceinte sportive et qui, à ce titre, sont dans un rapport de nature contractuelle vis-à-vis du club organisateur. De plus, lorsque des actes de violences (débordements, jets de projectiles, bagarres...) sont perpétrés à l'occasion d'une manifestation sportive, le dommage qui en résulte pour un participant, pour l'arbitre ou encore pour un spectateur lié contractuellement au club, est susceptible d'engager la responsabilité civile du club, considéré comme l'organisateur juridique de la manifestation. Parce que la victime (le participant, le spectateur, l'arbitre, etc.) est généralement liée contractuellement à l'organisateur de la manifestation, ce dernier engagera, en cas de dommage, sa responsabilité civile contractuelle sur le fondement de cette disposition.

Le club organisateur doit donc mettre en œuvre tous les moyens en son pouvoir pour garantir leur sécurité au cours de la manifestation. Cela signifie en d'autres termes que, si l'organisateur respecte les règles de l'art et les règles techniques de

[38] Art. 1147 du C. civ.

la discipline sportive telles qu'elles sont définies par les experts, sa responsabilité sera difficilement mise en œuvre[39]. De manière concrète, la différence entre l'obligation de sécurité résultat et l'obligation de sécurité de moyens tient essentiellement à l'intensité de ce qui est attendu du co-contractant. Elle tient aussi au rôle plus ou moins actif ou passif de l'usager. Dans le premier cas, il est tenu d'atteindre un résultat déterminé. Dans le deuxième cas, l'organisateur ne peut promettre un résultat car il n'a pas la maîtrise du comportement de son client par nature actif. Il s'engage seulement à tout mettre en œuvre pour assurer sa sécurité physique. Sa responsabilité ne pourra donc être engagée que pour un comportement fautif de sa part[40].

L'intérêt qu'il convient de mettre en lumière est que la qualification de la responsabilité contractuelle réside dans la distinction entre obligations de moyens et obligations de résultat, qui repose sur la charge de la preuve[41]. En effet, elle incombe à la victime dans le cas de l'obligation de moyens. Par contre, si l'obligation est de résultat, la charge de la preuve est renversée et l'organisateur pourra s'exonérer pour absence de faute de sa part.

2. Les exclusions de la responsabilité contractuelle de l'organisateur

L'organisateur d'une manifestation sportive, pour s'exonérer doit démontrer un cas de force majeure, une faute de la victime ou un fait du tiers revêtant les caractères de la force majeure (extériorité, irrésistibilité, imprévisibilité). La doctrine est partagée sur la question de savoir si le club ou l'organisateur peut valablement exclure sa responsabilité vis-à-vis de ses co-contractants à l'égard desquels il assume une obligation de sécurité[42]. Dans tous les cas, l'exclusion de responsabilité ne peut avoir d'effets que si le spectateur l'a expressément ou tacitement

[39] F. ROUX, S. SEYSSEL et J-P. VIAL, « Manquements dans l'organisation d'un évènement sportif et responsabilités », *op. cit.*, p. 23.

[40] Cass. 1re civ., 12 fév. 1980, JCP. 1980, IV, p. 168.

[41] F. ROUX, S. SEYSSEL et J-P. VIAL, « Manquements dans l'organisation d'un évènement sportif et responsabilités », *op. cit.*, p. 23.

[42] E. TESSIER, « La responsabilité objective des clubs du fait de leurs supporters peut légitimement entrainer la suspension du stade », *op. cit.*, p. 76.

acceptée au moment de la conclusion du contrat[43]. En effet, en dépit de l'obligation de sécurité reconnue aux organisateurs d'évènements sportifs, il faut dire que ces derniers ont la possibilité de s'exonérer lorsqu'il est avéré que leur responsabilité ne leur est pas imputable.

Il est donc possible, pour le club d'apporter la preuve qui indique qu'il a pris toutes les mesures pour empêcher tout désordre et violence tant avant, pendant qu'après le match. Cela renvoie à « *une mécanique intellectuelle* »[44], comme le mentionne Joseph Thierry KOUMENI sur laquelle repose la notion d'obligation de résultat. Il suffit donc pour son débiteur d'apporter la preuve contraire pour que sa responsabilité soit engagée. C'est en cela que le système de responsabilité du fait de la violation d'une obligation de résultat est un système de présomption de responsabilité et non de présomption de faute[45]. Ainsi, l'organisateur peut s'exonérer lorsqu'il a pris des mesures visant à atteindre le résultat escompté. Cela peut s'expliquer, lorsque le rôle de la victime dans l'activité est établi, c'est-à-dire qu'elle a contribué activement à la réalisation du dommage. Bien que le juge se montre très sévère quant à l'appréciation du comportement de l'organisateur, C'est à lui de prouver qu'il n'a pas manqué à son obligation générale de sécurité.

La tentation est donc grande, en effet, pour les organisateurs, d'échapper aux conséquences de leurs fautes[46] ou de leurs comportements dommageables, en avertissant à l'avance qu'ils ne sauraient répondre de leur responsabilité à l'occasion de leurs activités, ou encore qu'ils en limitent les effets à un certain montant, voire qu'aucune action en justice ne sera recevable. Ainsi, les clubs peuvent à travers les clauses exonératoires contenues dans leurs statuts et règlements exclure leur responsabilité. C'est le cas du Code disciplinaire de la FECAFOOT, qui

---

[43] *Ibidem.*

[44] J-T. KOUMENI, « Football-match retour de demi-finale de coupe du Cameroun-agression physique d'un joueur et d'un dirigeant-jet de projectile sur le gardien manquement à l'obligation de sécurité-responsabilité objective pour faute commise par les supporters responsabilité délictuelle et quasi délictuelle ? Oui ! Annulation du match ? Non ! », *op. cit.*, p. 10.

[45] *Ibidem.*

[46] Cf. *supra*, p. 6.

évoque quelques cas d'exonération en ces termes : *« Les clubs et associations hôtes sont chargé(e)s du maintien de l'ordre et de la sécurité avant, pendant et après les matches dans le stade et ses abords. Ils/Elles sont responsables des incidents de toute nature et peuvent faire l'objet de mesures disciplinaires ainsi que se voir imposer des directives, à moins qu'ils/elles ne puissent prouver qu'ils/elles n'ont d'aucune manière été négligent(e)s dans l'organisation du match... »*[47]. On retrouve une telle possibilité d'exonération aussi bien dans le Règlement de la Coupe du Cameroun saison 2020/2021[48] que dans les Règlements généraux de la FECAFOOT[49].

Au regard de ces règlements et statuts, on peut relever les obligations récurrentes de sécurité dans les organisations sportives, qui constituent aujourd'hui une nomenclature des règles de l'art les plus significatives, telles que la vérification préalable des aptitudes, la désignation des responsables expérimentés, le devoir d'information, de conseil et de surveillance, l'encadrement de l'événement en nombre suffisant[50], *etc.*

On voit donc que dans l'organisation sportive, la responsabilité contractuelle peut être retenue lorsqu'il existe un lien contractuel avec la personne lésée. Même si par moment, sa responsabilité peut être exclue, il ne faut pas perdre de vue qu'à défaut d'un lien contractuel, il sera possible à la victime de rechercher la responsabilité civile délictuelle du club en tant que responsable des dommages causés par ceux qui sont soumis à leur autorité.

[47] Art. 16 al. 1 du Code de discipline de la FECAFOOT de 2021.

[48] Art. 9 al. 2 : « tout club engagé à la Coupe du Cameroun qui accepte habituellement le bénéfice, direct, ou indirect, d'interventions en sa faveur de groupements de supporters, d'amis ou de tiers quelconques, est responsable, vis-à-vis de la fédération ; de tous les actes accomplis par ces groupements et qui seraient contraires aux textes de la FECAFOOT, à moins qu'il ne puisse prouver s'être opposé à ces actes et n'en avoir tiré aucun avantage ».

[49] Art. 23 al. 2 « Tout club qui accepte habituellement le bénéfice, direct ou indirect, d'interventions en sa faveur de groupements de supporters, d'amis ou de tiers quelconques, est responsable, vis-à-vis de la FECAFOOT, de tous les actes accomplis par ces groupements et qui seraient contraires aux textes de la FECAFOOT, à moins qu'il ne puisse prouver s'être opposé à ces actes et n'en avoir tiré aucun avantage ».

[50] À titre d'exemple, l'organisateur qui n'informerait pas correctement les participants de l'étendue des risques que présente l'activité et/ou le parcours qu'ils vont entreprendre, pourrait engager sa responsabilité contractuelle pour n'avoir pas rempli l'obligation d'information à laquelle il est tenu.

B. La responsabilité délictuelle de l'organisateur

La responsabilité délictuelle, dite aussi responsabilité extracontractuelle, sanctionne toutes les hypothèses où la responsabilité de l'organisateur n'est pas due à l'inexécution d'une obligation contractuelle. La responsabilité ne peut alors être engagée que s'il existe un fait ayant provoqué ou participé à la réalisation du dommage. Ce fait générateur peut être fautif[51] ou non fautif[52]. La responsabilité fait peser la réparation du dommage sur celui qui l'a causé, par sa faute. Elle est visée par les articles 1382 et 1383 du Code civil. Ces articles sont de formulation très générale, ce qui permet de les appliquer aux événements sportifs. On considère que tout fait volontaire ou non ayant eu un rôle dans la survenance du dommage et n'ayant pas été commis dans des circonstances analogues de « *bonus pater familia* » d'un organisateur d'un événement sportif constitue une faute[53]. Si la responsabilité civile délictuelle de l'organisateur peut être retenue, il va falloir rappeler à quelles conditions (1) avant d'envisager les exonérations possibles (2).

1. Les conditions de la responsabilité civile délictuelle de l'organisateur

La responsabilité délictuelle intervient dans le cas où une personne a subi un préjudice causé par une autre personne. À ce moment-là, la personne qui a subi le préjudice est en droit de demander à l'auteur du dommage la réparation par le paiement des dommages et intérêts pour compenser le préjudice qu'elle a subi. Bien évidemment, les conditions de la responsabilité en droit commun mérite d'être connues. La responsabilité délictuelle de l'organisateur est reconnue si trois conditions sont réunies : un fait générateur du dommage, un caractère certain et direct du dommage réparable et un lien de causalité entre le dommage et le fait générateur. C'est notamment

[51] Responsabilité pour faute, art. 1382 du C. civ.

[52] Responsabilité sans faute, art. 1384 du C. civ.

[53] Aucune différence n'est opérée entre les catégories de fautes : même la faute la plus légère est de nature à engager la responsabilité de son auteur. Par ailleurs, le fait que la faute soit intentionnelle ou qu'elle résulte d'une simple négligence ne modifie pas l'obligation de réparation qui incombe à l'organisateur. La gravité de la faute ne modifie donc pas l'étendue de la réparation, v. F. ROUX, S. SEYSSEL et J-P. VIAL, « Manquements dans l'organisation d'un évènement sportif et responsabilités », *op. cit.*, p. 24.

le cas, de dommages causé lors de manifestations de football à titre gratuits. Cependant, en matière sportive et ce en rapport avec la responsabilité du club organisateur, cette responsabilité délictuelle peut être retenue pour manquements aux mesures de sécurité ou pour défaut de mesures préventives ou pour défaut d'information[54]. Contrairement à la responsabilité contractuelle pour laquelle le dommage est prévisible et figée au moment du consentement, en matière délictuelle, on ne sait jamais ce qui va se passer. Le dommage dans son ensemble est alors réparable, même s'il était imprévisible.

L'organisateur peut être tenue d'un dommage causé par d'autres personnes dont il doit répondre et sur lesquelles il exerce une autorité comme dans l'hypothèse des parents sur leurs enfants mineurs, des enseignants sur leurs élèves ou des commettants sur leurs préposés. À ce titre, il répond comme commettant des dommages causés par ses préposés[55] et dont la mise en jeu est subordonnée à trois conditions : un lien de subordination, un rapport de préposition et une faute du préposé[56]. Cela dit, on peut comprendre que, le club organisateur réponde sur le plan délictuel du comportement de ses auxiliaires. Le critère essentiel pour déterminer la qualité d'auxiliaire est l'existence d'un rapport de subordination. Le club employeur doit être en mesure de donner des instructions et de surveiller le travail de son auxiliaire. Il répond des actes illicites commis par celui-ci dans l'accomplissement de son travail, sauf à établir qu'il a fait preuve de toute la diligence nécessaire dans le choix, les instructions et la surveillance de ses auxiliaires, ainsi que dans l'organisation de l'activité[57].

Outre le fait que, l'organisateur désigne ses représentants pour assurer la sécurité, les

[54] F. ROUX, S. SEYSSEL et J-P. VIAL, « Manquements dans l'organisation d'un évènement sportif et responsabilités », *op. cit.*, p. 23.

[55] Art. 1384 al. 5 du C. civ.

[56] Le contrat de travail n'est pas le seul dans lequel on retrouve un lien de subordination. Ne sont pas seulement des préposés les salariés (en particulier les joueurs professionnels) mais également tout personne, comme les bénévoles, sur laquelle le groupement exerce une autorité et qui agissent pour son compte ; v. Cass. 2e civ. 27 nov. 1991, no 90-17.969, Resp. civ. et assur.1992, no 41 ; v. F. ROUX, S. SEYSSEL et J-P. VIAL, « Manquements dans l'organisation d'un évènement sportif et responsabilités », *op. cit.*, p. 24.

[57] B. CHAPUIS et F. WERRO, « la responsabilité du club sportif du fait de ses supporters », *op. cit.* p. 80.

règlements associatifs peuvent imposer aux clubs de désigner en leur sein un responsable de la sécurité[58]. Ce dernier aura la charge de toutes les questions et mesures relatives à la sécurité. Parmi les mesures de sécurité qui doivent être prises, on distingue les mesures relatives à la sécurité du bâtiment et les mesures d'encadrement des spectateurs et des supporters. Les premières sont relatives aux mesures destinées à assurer que le stade soit conçu et aménagé de manière à assurer la plus haute sécurité possible, y compris en cas de débordement de supporters. Plus exactement, l'organisation des issues de secours, de séparation des blocs distincts des supporters doivent être aménagées de manière adéquate. Le service de sécurité met en œuvre les mesures d'encadrement des spectateurs, sur la base des consignes reçues du responsable de la sécurité[59]. Cependant tout manquement à ces mesures de sécurité engage la responsabilité de l'organisateur de la manifestation sportive, sauf pour lui d'apporter la preuve contraire pour s'exonérer de sa responsabilité. C'est donc dire que lorsque le club sportif manque à son devoir de diligence ou lorsqu'il n'adopte pas les mesures de sécurité commandées par les circonstances, il répond des dommages survenus. Cependant, celui-ci peut se voir imputer un partage de responsabilité[60] et parfois obtenir une exonération de sa responsabilité.

2. L'exonération de la responsabilité délictuelle de l'organisateur

Les causes d'exonération de responsabilité civile sont les évènements qui permettent au responsable apparent de se décharger de la dette de réparation. Tel est l'effet conféré à la force majeure, le fait de la victime et le fait du tiers. En matière sportive, ces faits exonératoires peuvent trouver à s'appliquer, car lorsque les conditions de la responsabilité sont réunies, il faut encore s'assurer et examiner si un ou plusieurs facteurs

[58] art. 3 al. 4 du Règlement de sécurité de la *Swiss Football League* (SFL) ; art. 4 du Règlement de l'UEFA sur la sécurité.

[59] B. CHAPUIS et F. WERRO, « la responsabilité du club sportif du fait de ses supporters », *op. cit.* p. 95.

[60] Certains intervenants en matière sportive sont susceptibles de répondre aux côtés du club sportif en qualité de responsables solidaires : les supporters, les représentants de sécurité, le club sportif invité, les fédérations sportives, etc. v. B. CHAPUIS et F. WERRO, « la responsabilité du club sportif du fait de ses supporters », *op. cit.* pp. 103-106.

ne justifient pas une réduction ou une exclusion de la responsabilité[61]. Benoit CHAPPUIS et Franz WERRO ont établi une appréciation visant à réduire ou à limiter l'indemnité due par l'organisateur d'une manifestation sportive. Cette appréciation porte sur le consentement de la personne lésée, sur l'existence d'un cas fortuit et d'une faute concomitante[62].

La première appréciation permet de réduire les dommages-intérêts ou même de n'en point allouer lorsque la partie lésée a consenti à la lésion. Ce cas de figure est proche de la notion d'acceptation du risque, qui a pris une importance particulière en matière sportive[63]. La doctrine considère en effet que la personne qui participe à une manifestation sportive accepte le risque inhérent à l'activité à laquelle elle se livre et l'atteinte à l'intégrité corporelle qui peut en découler ; il n'en va autrement que si l'auteur de la blessure viole les règles du jeu et commet de ce fait une faute[64]. C'est le cas lorsqu'un spectateur se met sciemment et volontairement au sein d'un groupe de supporters manifestement hostiles ou agités.

Le cas fortuit quant à lui, a été critiqué sur le point de savoir s'il fallait ou non réduire l'indemnité due par la personne responsable lorsqu'il est établit qu'il y a existence d'un événement neutre qui contribue à la survenance d'un préjudice et qui se produit indépendamment de toute volonté humaine. Traditionnellement, on considérait que le juge pouvait en tenir compte pour réduire l'indemnité due. Ce facteur de réduction semble avoir perdu aujourd'hui toute portée pratique[65].

S'agissant de la faute concomitante, il faut noter que lorsque la personne victime omet de prendre les mesures raisonnables aptes à empêcher la survenance ou l'aggravation de son dommage, elle commet une faute concomitante. Et de ce fait la responsabilité de l'organisateur ne saurait être retenue. Ainsi, le supporter ou le

[61] *Ibid.*, p. 101.

[62] *Ibid.*, p. 101 à 102.

[63] F. MANDIN, « Le traitement juridique du risque sportif : de l'individualisation à la socialisation du risque », *Les cahiers de droit du sport*, Presses universitaires d'Aix-Marseille, 2007, vol. 8, p. 28.

[64] B. CHAPUIS et F. WERRO, « la responsabilité du club sportif du fait de ses supporters », *op. cit.* p. 101.

[65] *Ibid.*, p. 102.

spectateur qui participe volontairement à une bagarre, ou qui se comporte de manière agressive avec le service de sécurité ou encore manque de toute autre manière à ses obligations engage sa propre responsabilité. Il se verra donc reprocher la commission d'une faute concomitante[66]. On peut attendre du spectateur qu'il fasse preuve d'une certaine prudence et on tiendra compte à cet égard de sa connaissance des règles usuelles de sécurité lors des matches de football.

II. La mise en œuvre de la responsabilité objective des organisateurs de manifestations sportives du fait de leurs supporters

Au regard de la montée en puissance des désordres provenant des supporters dans les stades, les instances sportives ont institué une responsabilité dite *« objective »* [67] des clubs sportifs du fait de leurs supporters[68]. Cette responsabilité entraine pour l'organisateur de la manifestation sportive de ne pas pouvoir s'exonérer par l'établissement de la preuve d'une faute[69]. Dans le domaine sportif, la responsabilité objective des clubs s'entend comme la reconnaissance de l'engagement de la responsabilité des clubs pour les agissements de leurs supporters[70]. Il est donc possible d'engager non seulement la responsabilité disciplinaire des clubs sportifs, mais aussi la responsabilité administrative en vertu de la délégation de mission de service public reconnue aux fédérations sportives. Quoiqu'il en soit l'organisateur des manifestations sportives encourt un certain nombre de sanctions (B), lorsque les conditions d'applicabilité de la responsabilité sont avérées (A).

[66] *Ibid.*, p. 103.

[67] E. TESSIER, « La responsabilité objective des clubs du fait de leurs supporters peut légitimement entrainer la suspension du stade », *in*, note de jurisprudence, droit du sport, Petites affiches, 23 décembre 2016, n° 256, p. 17.

[68] Cf *supra*, p. 7.

[69] P. LE TOURNEAU, *Droit de la responsabilité et des contrats*, Dalloz action, 11 éd, 2017, p. 345.

[70] E. TESSIER, « La responsabilité objective des clubs du fait de leurs supporters peut légitimement entrainer la suspension du stade », *ibid.*, p. 17 ; v., Commission d'appel de l'UEFA, 19 janvier 2007, UEFA c/ Feyenoord Rotterdam, « les clubs sont responsables des incidents provoqués par leurs supporters, avant, pendant et après le match, indépendamment des fautes propres des clubs » ; v., G. SIMON, C. CHAUSSARD, P. ICARD, D. JACOTOT, C DE LA MARDIERE et V. THOMAS, *Droit du sport*, 2012, PUF, n° 688.

A. Les conditions de la mise en œuvre de la responsabilité objective des organisateurs du fait de leurs supporters

La responsabilité d'un organisateur est engagée lorsque certaines conditions sont réunies. Cette responsabilité suppose la violation par le club ou l'organisateur de l'une de ses obligations et l'existence d'un lien de causalité entre cette violation et le dommage subi par le lésé[71]. L'existence des conditions générales de la responsabilité (dommage et lien de causalité et préjudice) se détermine selon les règles habituelles et n'appelle pas de remarques particulières. En revanche, dans le domaine sportif, une analyse doit être faite, notamment sur les obligations inhérentes à tout organisateur et dont la violation est susceptible d'engager la responsabilité de ce dernier. On admet donc que le manquement d'une obligation de sécurité (1) constitue une faute au même titre que le défaut de mesures de prévention (2).

1. Le manquement à l'obligation de sécurité

Depuis longtemps, les fédérations sportives nationales et internationales ont soumis aux clubs sportifs le respect des strictes obligations dans les rencontres sportives vis-à-vis des officiels, des équipes et du public[72]. Parmi celles-ci, figure notamment l'obligation de sécurité. L'obligation de sécurité n'est pas définie par la loi, encore moins par le contrat, ce sont les tribunaux qui, dans chaque espèce, déterminent les contours des obligations de sécurité propres à chaque type d'activités et plus largement aux événements sportifs[73]. L'organisateur d'un spectacle est le débiteur d'une obligation de sécurité[74]. Cette obligation impose à l'organisateur d'adopter des mesures de sécurité adéquates.

---

[71] B. CHAPUIS et F. WERRO, « la responsabilité du club sportif du fait de ses supporters », *op. cit.* p. 73.

[72] Au niveau international, il existe des Directives de sécurité de la FIFA. Au niveau national, les mesures de sécurité sont contenues dans des textes fédéraux épars. C'est le cas notamment du Règlement de la Coupe du Cameroun saison 2020/2021, du Code disciplinaire de la FECAFOOT pour le compte de l'année 2021 et les Règlements généraux de la FECAFOOT.

[73] F. ROUX, S. SEYSSEL et J-P. VIAL, « Manquements dans l'organisation d'un évènement sportif et responsabilités », *op. cit.*, p. 23.

[74] B. CHAPUIS et F. WERRO, « la responsabilité du club sportif du fait de ses supporters », *op. cit.* p. 73.

Dans un arrêt de 1906 déjà, le Tribunal fédéral a en effet affirmé que l'organisateur d'une manifestation sportive doit veiller dans la limite du raisonnable à ce que les spectateurs ne subissent pas de préjudice à l'occasion de l'événement sportif et adopter toutes les mesures de précaution nécessaires à cet effet[75]. Les spectateurs, les loueurs et les arbitres doivent pouvoir compter sur le fait que l'organisateur respectera cette obligation. La responsabilité de l'organisateur suppose donc qu'on puisse lui reprocher de ne pas avoir adopté les mesures de sécurité commandées par les circonstances ou d'avoir adopté des mesures inadéquates, manquant par-là, à la diligence qui était attendue de sa part. Cette obligation de sécurité suppose que l'organisateur ne doive pas, par l'exécution du contrat, causer de dommage. La Haute juridiction a jugé que cette obligation pesait sur l'organisateur aussi bien au cours d'une pratique sportive encadrée qu'en dehors de celle-ci, lorsque les locaux sont mis à disposition des pratiquants par le club ou l'organisateur[76].

Ainsi, au regard de la montée des violences dans les stades de football, le Conseil de l'Europe a pris l'initiative d'une Convention Européenne sur les violences et les débordements de spectateurs lors de manifestations sportives et notamment de matches de football[77]. Cette mesure incite les États à prendre toutes les mesures nécessaires pour « *prévenir et maîtriser la violence et les débordements de spectateurs lors de matches de football* »[78]. Notons que, bien qu'on analyse cette problématique à travers le football, la question des agissements des

[75] ATF 121 III 361, c. 4 ; 113 II 246, c. 3 ; 70 II 215, c. 3 ; RVJ 1980 197 ss, c. 2 ; ZEN-RUFFINEN P., 388 ss ; GUROVITS KOHLI A., 175 ; BONDALLAZ J., Responsabilité, 66 ; ARTER O., 51., v. B. CHAPUIS et F. WERRO, « la responsabilité du club sportif du fait de ses supporters », *op. cit.* p. 73.

[76] Cass. 1ère civ., 15 déc 2011, JCP G 2011, 1443, obs. J.J BARBIERI.

[77] Convention européenne du Conseil de l'Europe sur les violences et les débordements de spectateurs lors de manifestations sportives et notamment de matches de football, signée à Strasbourg le 19 août 1985, approuvée par la loi du 18 avril 1989, M.B., 7 décembre 1990, p. 22713.

[78] Convention européenne du Conseil de l'Europe sur les violences et les débordements de spectateurs lors de manifestations sportives et notamment de matches de football, signée à Strasbourg le 19 août 1985, approuvée par la loi du 18 avril 1989, art.1.1, M.B., 7 décembre 1990, p. 22713.

supporters est vécue dans d'autres sports et manifestations sportives au cours desquels des violences et débordements des supporters sont récurrents[79]. D'où la nécessité d'adopter toutes les mesures de sécurité adéquates à la manifestation sportive.

Cela dit, pour faire asseoir les mesures de sécurité dans les stades, il faut tenir compte des normes légales édictées en vue d'assurer la sécurité[80]. A défaut de dispositions légales ou réglementaires, il est possible de se référer à des règles analogues qui émanent d'associations privées ou semi-publiques, lorsqu'elles sont généralement reconnues. On pense bien sûr ici aux nombreux règlements de sécurité adoptés par les diverses instances du football et imposés par les fédérations à leurs membres[81]. En principe, lorsque l'organisateur ne respecte pas les règles de sécurité prévues par un règlement associatif, il manque à son devoir de prudence[82], sauf à établir qu'au vu des circonstances concrètes, la mesure en question pouvait légitimement être considérée comme superflue et qu'il n'était de ce fait pas tenu de la respecter[83]. Le club sportif est tenu de respecter les normes associatives de sécurité, mais ne peut cependant se satisfaire de leur mise en œuvre. Cette dernière appelle également la prise d'un ensemble de mesures pour prévenir les risques liés aux agissements des supporters.

2. Le défaut de mesures de prévention

L'objectif de la responsabilité objective est de veiller au bon déroulement des rencontres sportives et que les organisateurs interviennent de manière préventive. Il faut dire que les sanctions interviennent de manière indirecte pour réprimer les supporters auteurs des troubles[84].

---

[79] *Ibid.*, art. 1 al. 2.

[80] Art. 23 al. 1 et 2 des Règlements généraux de la FECAFOOT ; Art. 8 al. 1 du Code disciplinaire de la FECAFOOT ; v. art. 129 des Règlements généraux de la FFF.

[81] E. TESSIER, « La responsabilité objective des clubs du fait de leurs supporters peut légitimement entrainer la suspension du stade », *op. cit.*, p. 88.

[82] *Ibid.*, p. 88.

[83] *Ibid.*, p. 89.

[84] TAS, 03 juin 2003, PSV Eindhoven c/ UEFA : REC. TAS, III, 2004, *Kluwer law international*, 522. « Cette règle a pour objectif de faire endosser par les clubs la responsabilité du respect par leur supporters d'un comportement conforme au but poursuivie par l'UEFA (...) En dirigeant la

Cette prévention s'inscrit comme une règle de police des compétitions[85]. Cette position est d'ailleurs justifiée par l'UEFA qui précise que « *l'intention du législateur était de créer une règle ayant un effet préventif et dissuasif* »[86]. Partant de ces mesures, les instances nationales ont adopté des mesures allant dans le sens de la prévention dans leurs règlements.

Les associations sportives ont élaboré des règles qui leur sont propres et qui leur permettent de prendre des sanctions disciplinaires à l'encontre de ceux de leurs membres qui ne les respecteraient pas. Ainsi, afin de lutter contre la violence dans les stades, de préserver l'ordre public et d'assurer le bon déroulement ainsi que la sécurité des compétitions sportives, les règlements des groupements sportifs[87] prévoient que les clubs sont soumis à une véritable obligation générale de sécurité vis-à-vis du public et des participants, et sont ainsi responsables vis-à-vis des agissements de leurs dirigeants, joueurs, supporters et spectateurs à l'occasion des rencontres sportives.

Le Conseil de l'Europe a signé par exemple une série de Traités dans lesquels les parties, en vue de prévenir et de maîtriser la violence et les débordements de spectateurs lors de matches de football, s'engagent à prendre, dans les limites de leurs dispositions constitutionnelles respectives, les mesures nécessaires pour donner effet aux dispositions de la présente Convention[88]. À ce titre, elles s'engagent à assurer l'élaboration et la mise en œuvre de mesures destinées à prévenir et maîtriser la violence et les débordements des supporters, en particulier à s'assurer que des services d'ordre suffisants soient

sanction contre le club pour le fait de ses supporters, ce sont en réalité ces derniers qui sont visés et ce sont eux qui seront exposés à subir, en leur qualité de supporters ; la condamnation prononcée à l'encontre du club ».

[85] E. TESSIER, « La responsabilité objective des clubs du fait de leurs supporters peut légitimement entrainer la suspension du stade », *op. cit.,* p. 18.

[86] Commission d'appel de l'UEFA, 19 janvier 2007, UEFA c/ Feyenoord Rotterdam.

[87] Art. 8 al. 1 du Code disciplinaire de la FECAFOOT ; v. art. 129 des Règlements généraux de la FFF.

[88] Art. 1 de la Convention européenne sur la violence et les débordements de spectateurs lors de manifestations sportives et notamment de matches de football, Strasbourg, 19. VIII.1985.

mobilisés pour faire face aux agissements observés lors des matches de football[89]. A défaut de ces mesures, le club ou l'organisateur encourt des sanctions qu'il convient de bien définir.

B. Les sanctions encourues par les organisateurs

Dans l'organisation sportive et dans les matchs de football en particulier, il appartient à tout organisateur ou au club d'être très vigilant dans la préparation et le déroulement de son événement en s'assurant que toutes les prescriptions réglementaires et les précautions liées à son obligation de sécurité sont respectées. Sur le terrain, cela conduit les organisateurs à concevoir l'événement en intégrant toutes les recommandations, les règles de l'art, les usages liés aux pratiques et, d'une manière plus générale, tous les éléments liés à la sécurité pour garantir un certain niveau de prudence dans l'organisation de son événement[90]. Ici, le club ou la fédération engage sa responsabilité disciplinaire et ou civile[91], puisque ceux-ci répondent d'une manière ou d'une autre aux dommages causés par les supporters[92]. Ils peuvent dès lors être sanctionnés par des amendes[93]. Toutefois, si les sanctions disciplinaires et sportives (1) peuvent être prononcées à l'égard du club, les sanctions pénales quant à elles ne le sont très souvent (2).

1. Les sanctions disciplinaires et administratives

Les sanctions disciplinaires et/ou sportives sont des sanctions administratives en vertu de la délégation de mission de service public des Fédérations Sportives habilitées à prononcer des sanctions disciplinaires dont le contentieux relève du juge

[89] Art. 3 al. 1.a. de la Convention européenne sur la violence et les débordements de spectateurs lors de manifestations sportives et notamment de matches de football, Strasbourg, 19. VIII.1985.

[90] F. ROUX, S. SEYSSEL et J-P. VIAL, « Manquements dans l'organisation d'un évènement sportif et responsabilités », *op. cit.*, p. 22.

[91] E. TESSIER, « La responsabilité objective des clubs du fait de leurs supporters peut légitimement entrainer la suspension du stade », *op. cit.*, p. 18.

[92] Commission d'appel de l'UEFA, 19 janvier 2007, UEFA c/ Feyenoord Rotterdam.

[93] Art. 13 du Code disciplinaire de la FECAFOOT.

[94] J-T. KOUMENI, « Football-match retour de demi-finale de coupe du Cameroun agression physique d'un joueur et d'un dirigeant-jet de projectile sur le gardien manquement à l'obligation de sécurité-responsabilité objective pour faute commise par les supporters-responsabilité délictuelle et quasi délictuelle ? Oui ! Annulation du match ? Non ! », jurisprudence annotée, voir CCA,

administratif. Les sanctions pouvant être prononcées sont entre autre les amendes, la fermeture de tribunes, le déroulement des matches à huis clos, la suspension des terrains, les sanctions relatives au résultat de match[94] (perte de match, le retrait de points et la rétrogradation, exclusion d'une compétition, annulation des résultats du match). Il faut noter par exemple qu'en France, les sanctions prononcées à l'égard des clubs ont fait l'objet d'un contentieux devant le juge administratif, seul compétent pour statuer sur les actes administratifs[95]. En effet, une préoccupation s'est posée quant à la sanction ou non du club pour les fautes des supporters qui ne relève en rien de l'activité du club. Pour la doctrine, la réponse est positive[96]. Mais cette sanction doit être proportionnelle à la gravité du fait reproché et à l'obligation de sécurité inhérent à l'organisateur[97]. Cela conduit à dire que, la reconnaissance légale de la responsabilité objective par le juge est donc conditionnée à un principe de proportionnalité du *quantum* selon la gravité des faits. Dans le même sillage, le Conseil d'Etat avait précisé les conditions de mise en œuvre de la responsabilité disciplinaire des clubs, lorsqu'ils évoluent à l'extérieur ou sur terrain neutre. En l'espèce, les instances disciplinaires de football avaient sanctionné le Paris Saint Germain (PSG) d'une exclusion de la coupe de la ligue de 2008/2009, après les débordements survenus lors de la

---

Sentence du 28 février 2013, Affaire Caïman Football Club de DOUALA C/ Unisport Football Club du Haut-Nkam, p. 11.

[95] Un acte administratif est un acte juridique qui émane d'une autorité administrative et ayant pour finalité l'intérêt général. Il doit être conforme à un ensemble de règles de droit qui constituent la légalité administrative.

[96] B. FOUCHER, « La responsabilité disciplinaire des clubs à raison des supporters », *in* C. CHAUSSARD, C. FORTIER et D. JACOTOT (sous la direction de), Le sport au carrefour des droits, *Mélange* en l'honneur de G. SIMON, LexisNexis, Paris, v.57, 2021 ; A. ANTONINI, « La responsabilité disciplinaire personnelle des clubs du fait de leurs supporters dans le cadre de la procédure administrative du référé-suspension », note sous CE, 15 oct. 2008, n° 316312, Fédération française de football c/ Sporting club de Bastia, *in* J-M. MARMAYOU, F. RIZZO et M. BOUDOT, *Les Cahiers de Droit du Sport*, n° 14, 2008, pp. 169-180, cité par J-T. KOUMENI, « Football-match retour de demi-finale de coupe du Cameroun-agression physique d'un joueur et d'un dirigeant-jet de projectile sur le gardien manquement à l'obligation de sécurité-responsabilité objective pour faute commise par les supporters responsabilité délictuelle et quasi délictuelle ? Oui ! Annulation du match ? Non ! », *op. cit.*, p. 11.

[97] *Idem.*

finale de l'édition précédente entre avec le Racing Club de Lens. En effet, les supporter de PSG avaient déployé une banderole à caractère injurieux, le PSG saisit le Tribunal administratif afin d'obtenir l'annulation de la sanction qui lui avait été prononcée, raison prise de ce qu'elle semblait manifestement disproportionnée. Si le juge a reconnu le comportement répréhensible des supporters, et le manquement du club à son obligation de sécurité, la sanction disciplinaire paraissait disproportionnée au regard d'une part des « *moyens conséquents* » de prévention des éventuels troubles sur le terrain neutre et d'autres parts, sur l'exclusion complète pour la saison sportive à venir[98]. C'est justement ce qui a permis au juge administratif de développer pour la première fois la proportionnalité des sanctions disciplinaires à l'égard des clubs en raison du comportement de leurs supporters. Il s'appuie ainsi sur le principe constitutionnel de proportionnalité des sanctions adaptées à la gravité de l'infraction commise[99].

2. Les sanctions pénales

La responsabilité pénale est l'obligation, pour la personne de répondre des infractions contraventions, délits ou crimes dont elle est l'auteur, précision faite qu'en ce qui concerne l'organisation des activités et des événements sportifs, les infractions concernent le plus souvent les deux premières catégories. Cette responsabilité qui a une fonction de répression est radicalement différente de la responsabilité civile dans la mesure où elle met en jeu l'intérêt public et a pour objet de désigner, juridiquement et socialement, un coupable qu'il faut punir. En effet, le but de cette responsabilité est de faire prononcer, par le juge pénal, la condamnation de la personne organisatrice de l'événement à une amende ou une peine privative de liberté ou encore à une peine complémentaire[100]. Le coupable est condamné, non au paiement

[98] CE, 20 oct 2008, n° 320111, FFF c/ Société Paris Saint Germain de Football, concl., Bourgeois-machureau, v., CE 15 oct 2008, n° 316312, FFF c/ Sporting Club de Bastia concl. Lenica. F.

[99] Conseil constitutionnel, 17 jan 1989, n° 88-248 DC modifiant la loi n° 86-1067, 30 sept 1986, relative à la liberté de communication : Rec. Conseil constitutionnel, 1989, p. 18.

[100] Par exemple : interdiction d'exercer l'activité professionnelle, suspension du permis de conduire, fermeture de la structure ou de l'établissement sportif, *etc*.

de dommages et intérêts, mais à une amende non destinée à la victime[101]. Cependant, le droit pénal a longtemps été marqué par le principe de l'individualisation de la peine. L'interprétation stricte de ce principe a souvent conduit à ne reconnaitre la qualité de délinquants qu'aux personnes physiques[102], excluant de ce fait les personnes morales. Ce concept de personnalisation de la sanction pénale a conduit à la consécration de la responsabilité pénale de toute personne, qu'elle soit physique ou morale. En effet, sous l'empire du Code pénal de 1967, l'irresponsabilité pénale des personnes morales avait prévalu car, elles ne pouvaient commettre une faute personnelle et les peines prévues par la loi pour les personnes physiques étaient inadaptées.

Cependant, à l'appui de la thèse de la responsabilité pénale des personnes morales, certains auteurs ont fait valoir que ces dernières, constituant une réalité juridique certaine, disposaient d'une volonté propre. Sous cet angle, il est possible de leur imputer une faute[103]. Ainsi, la pénalisation des personnes morales peut s'avérer particulièrement utile car elles sont souvent plus solvables que les personnes physiques. C'est pourquoi, Cécile CHAUSSARD fait savoir que « *la responsabilité pénale des personnes morales, a trouvé un domaine d'application en matière sportive* »[104]. Cette responsabilité pourra déboucher sur des sanctions

---

[101] F. ROUX, S. SEYSSEL et J-P. VIAL, « Manquements dans l'organisation d'un évènement sportif et responsabilités », *op. cit.*, p. 26.

[102] La responsabilité pénale des personnes physiques ne pose pas de problème. En effet, bien que définie de manière relativement différente dans les systèmes pénaux des pays de l'espace CEMAC, il est communément accepté que quiconque se serait rendu coupable d'infraction financière, subira la sanction y relative. Des questions peuvent se poser sur la disparité de ces sanctions qui en réalité instaure une certaine inégalité de fait et de droit. La question ayant déjà été longuement débattue, il n'est plus pertinent de s'y attarder ici.

[103] Pour une analyse sur le droit OHADA, v. A. FOKO, « Analyse critique de quelques aspects du droit pénal OHADA », *Penant*, n° 859 ; SPENER YAWAGA, « La politique criminelle de l'OHADA», *in* P.G. POUGOUE (Dir.), *Encyclopédie du droit OHADA,* Lamy, 2011. *Add.* : G. NTONO TSIMI, « La responsabilité pénale des personnes morales en droit camerounais : esquisse d'une théorie générale », Mémoire de DEA, Université de Yaoundé-II, 2005, p. 121 ; WESTER-OUISSE, « Responsabilité pénale des personnes morales et dérives anthropomorphiques », *RPDP,* 2009, n° 1, p. 63 ; v. J. COHEN, *Droit pénal et droit du sport : à la recherche d'un équilibre*, Thèse, Université d'Aix-Marseille, 2015, p. 11.

[104] C. CHAUSSARD, Les juges du contentieux sportif : diversité et coexistence, étude 618, encyclopédie droitdusport.com, 2010, pp. 618-310, cité par J. COHEN, *Droit pénal et droit du sport : à la recherche d'un équilibre, ibid.*, p. 11.

telles que, amende, dissolution, interdiction d'activité définitive ou temporaire, fermeture d'établissement définitive ou temporaire, placement sous surveillance judiciaire, qui témoignent que le désir du législateur est de réprimer un instrument technique devenu dangereux[105].

Ce qui conduit à dire que la sanction peut être prononcée, non seulement à l'égard de l'auteur direct de l'infraction, mais aussi à l'égard de l'organisateur. Comme précédemment évoqué, il peut arriver que des supporters occasionnent des désordres ou soient à l'origine de violences physiques ou verbales. Ces désordres et violences peuvent représenter plusieurs infractions tels que des violences volontaires, des propos injurieux ou diffamants, des incitations à la haine, voire des dégradations, *etc*[106].

La sanction qui peut être prononcée ici, dépendra du résultat de l'agression mais également des éventuelles circonstances aggravantes[107]. L'auteur direct, c'est-à-dire le supporter sera donc personnellement poursuivi, peu importe l'infraction qu'il a commise au sein de l'enceinte sportive. Par contre, l'organisateur en plus des sanctions pénales encourues pour des infractions volontaires, telles que la méconnaissance de certaines règles de sécurité, peut être sanctionné pour des manquements ayant occasionnés des blessures ou homicide involontaires[108]. Cela suppose finalement, que même si la responsabilité pénale des personnes physiques peut être cumulée à celle des personnes

[105] Responsabilité pénale des clubs, v. https://www.fftt.com, consulté le 06/12/2022 à 12H51.

[106] Dans le cadre des JO Paris 2024, le Comité d'Organisation des Jeux Olympiques (COJO) a signé un protocole de sécurité avec l'Etat français, répartissant leurs responsabilités en matière de sécurité des participants, infrastructures et spectateurs. Le COJO, organisateur, sera ainsi responsable de la sécurité des sites et l'Etat *sera* responsable de la sécurité à l'extérieur de ceux-ci. V. JO Paris 2024 et violences des supporters : la responsabilité pénale des organisateurs : v. https://www.simonassocies.com consulté le 06/12/2022 à 11H02. V. F. ROUX, S. SEYSSEL et J-P. VIAL, « Manquements dans l'organisation d'un évènement sportif et responsabilités », *op. cit.*, p. 27, à propos des incriminations pénales de droit commun applicables en matière sportive : infractions volontaires et involontaires.

[107] Exemple de la préméditation, de l'existence de coauteurs ou l'usage d'une arme.

[108] V. JO Paris 2024 et violences des supporters : la responsabilité pénale des organisateurs : v. https://www.simonassocies.com consulté le 06/12/2022 à 11H02.

morales[109], il faut justement que cette responsabilité repose sur des fondements qui justifient qu'elle soit mise en œuvre.

Conclusion

L'organisation des compétitions sportives de football est souvent source de nombreux dommages occasionnés par les agissements des supporters. En tant qu'organisateur, le club ou tout autre association sportive engage sa responsabilité lorsqu'il manque à son obligation de sécurité. C'est cette obligation de sécurité inhérente aux organisateurs, que la présente étude analyse à travers les responsabilités imputables à ces derniers lorsque les supporters par leurs actes perturbent le déroulement normal de la rencontre. Pour ce faire, la mise en œuvre de la responsabilité du club du fait des supporters a été relevée en se fondant non seulement sur la responsabilité contractuelle, mais aussi sur la responsabilité délictuelle. En d'autres termes, le club engage sa responsabilité sur le plan civil, mais aussi sur le plan disciplinaire. Cela se justifie par le fait que les institutions sportives ont mis en place un régime disciplinaire qui sanctionne la violation par leurs membres des règlements et directives qu'elles ont adoptés. En vertu de cette responsabilité disciplinaire, l'organisateur répond de l'ordre et de la sécurité dans l'enceinte du stade et dans ses abords immédiats avant, pendant et après le match. Par ailleurs, dans la même logique au plan civil, ce dernier assume une obligation de moyens et encourt une sanction en cas de faute commise dans le cadre de l'organisation et du maintien de l'ordre pendant la rencontre. C'est le club recevant qui est impliqué au premier plan dans l'organisation du match et c'est à ce dernier qu'il incombe de prendre les mesures de sécurité nécessaires. Le club invité quant à lui, assume cependant certaines obligations relatives en particulier au comportement de ses supporters.

[109] Art. 74-1 du Code pénal modifié par la Loi n° 2016/007 du 12 juillet 2016 : « *les personnes morales sont responsables pénalement des infractions commises pour leur compte par leur organe ou représentant. Les dispositions du paragraphe ci-dessus ne sont pas applicables à l'État et à ses démembrements. La responsabilité pénale des personnes physiques, auteurs des actes incriminés peut se cumuler avec celle des personnes morales* ».

SPORTS AND FUNDAMENTAL FREEDOMS: A STUDY ON THE RIGHTS OF ATHLETES OF PARALYMPIC MOVEMENT IN CAMEROON

Ivat John NYAMUKONG

Graduate Teacher Assistant/
University of Bamenda,
Cameroon

Abstract Sports is a fundamental freedom and requires the guarantee of its exercise. Paralympic movement which is practiced by athletes with disability is a fundamental freedom which has cardinally remained underdeveloped in Cameroon. The respect of the rights of the Paralympic athletes is insufficient and does not permit the convenient practice of Paralympic sports. Thus, there is an immediate need to identify the state of the implementation of fundamental rights of Paralympic athletes as well as the challenges they encounter. In studying this topic, the analysis of positive law, doctrine, the use of the web and results of interviews led to the observation that the rights of Paralympic athletes still needs much attention. A better implementation of the existing legislation and an adjustments of the rights of Paralympic athletes to international standard will develop both the discipline and the wellbeing Paralympic athletes.

Keywords Paralympic sports, fundamental freedoms and rights, Paralympic athlete

Résumé

Le sport est une liberté fondamentale et nécessite la garantie de son exercice. Le mouvement Paralympique qui est pratiqué par des athlètes en situation de handicap est une liberté qui évolue lentement au Cameroun. Les droits des athlètes paralympiques ne sont pas assez respectés pour permettre une pratique convenable de ce sport. Ainsi, il est nécessaire d'identifier l'état de la mise en œuvre des droits d'athlètes paralympiques et les difficultés qu'ils rencontrent. L'analyse du droit positif, de la doctrine, le recours à l'internet et des résultats d'entretiens permettent de constater que les droits des athlètes paralympiques demeurent insatisfaisants. Une meilleure mise en œuvre de la législation existante et une conciliation des droits des athlètes paralympiques aux normes internationales permettront de développer ce sport ainsi que les athlètes.

Mots clés Sports paralympiques, libertés et droits fondamentaux, athlète paralympique

The couple freedom and law are inseparable, if freedom is a space of action for the individual, law is a tool for safeguarding and organising the exercise of a freedom or freedoms[1]. Freedom evokes autonomy where the beneficiaries can act freely, exercise a power to act or not to[2] and ends where another begins[3]. Sports which changes with the evolution of the society is a fundamental freedom. The advent of sports as a societal phenomenon is undeniable[4]. Some have described it as a "*social cement*"[5]. This is the case of Paralympic sports practised by athletes with motor disabilities and visual impairments. They are generally a specific category of vulnerable persons who make up about 10% of the world's population[6]. In a specific manner Paralympic sport is rendering old stereotypes of disability obsolete and permits Paralympic athletes to show case a high definition of social cohesion. It will be surprising to know that Paralympic sports has existed as early as 1945 after the Second World War when it became official[7]. At that time, it represented a social integration of war veterans and civilians who had been injured during the war. It was later requested by the British Government that a spinal injury centre which was created at Stoke Mandeville Hospital by Doctor Ludwig GUTTMANN in 1944 with specialty rehabilitation sports to become recreational sports which led to competitive sports[8]. The turning point of Paralympic sports took place in 1948 with twelve injured ex-service men and women who participated in the Olympic games of London in a wheelchair competition which was called Stoke Mandeville games leading to the organization of the first Paralympic Games[9]. It was then that the need for a better

[1] H. OBERDORFF, *Droit de l'homme et liberté fondamentales*, LGDJ, 2008,

[2] M. LEVINET, *Théorie générale des droits et libertés*, Bruylant, 2008, p. 28.

[3] H. OBERDORFF, *op. cit.*, p. 26.

[4] F. C. DIKOUME, *Le service public du sport en Afrique noire, L'exemple du Cameroun*, L'Harmattan ; 2[eùe] éd, 2012, p. 16.

[5] An example can be cited during the inauguration of the *stade de la Révolution* of Brazzaville in 1965, where the slogan "Sports unit people could be read": in F. C. DIKOUME, *ibidem*.

[6] https://www.unhcr.ch/disability/intro.htm consulted 03/06/2022.

[7] https://www.britannica.com/sports/Paralympic-Games consulted 18/07/2022.

[8] https://www.paralympic.org/ipc/history consulted 03/06/2022.

[9] At the opening ceremony of the London Olympic Games 12 July 1948, Dr GUTTMANN organised a wheel chair competition which he called Mandeville games. It was later known as International Mandeville games when the Dutch joined the movement in 1952. This later became

coordination and study of the growing sports movement came into play. Thus, several organisations[10] were created which led to the creation of the International Paralympic Committee on the 22 September 1989 in Dusseldorf, Germany its headquarters. The International Paralympic Committee as part of its main goal ensures that persons with disabilities have equal opportunity to education, sport, healthcare and employment. In Cameroon, Paralympic sports was introduced in 1980s and became operational in 1984. The various disciplines which are now in existence were introduced progressively and is still in evolution. Cameroon started participating in the Paralympic games only as from 2012 in London and since then have been participating in regional and international competitions. It will be important to mention here that, not much has been written on Paralympic sports in Africa as a whole and Cameroon in particular. Moreover, there is a lack of a historical record on disability and disability rights evolution in Cameroon[11]. The above historical aspects of the origin of Paralympic sports, was established beside golden rules of humanity through a final universal document, the Universal Declaration of Human Rights in 1948 which made no one to be excluded in the society but to benefit from the same services and rights despite their social status. In its article 1 it states that "*all human beings are born free and equal in dignity and rights. They are endowed with reason and conscience and should act towards one another in a spirit of brotherhood*". Karel VASAK had stated that for human rights to become a legal reality, there must be an organised society under the form of a rule of law[12]. This is the case with sports.

Paralympic Games held every four years with its first organisation in Rome in 1960 with the participation of 400 athletes from 23 countries. The first Paralympic games was held in 1976 in Sweden singularly and not as an open ceremony entertainment.

[10] In 1960, the International Working Group on Sport for Disabled; in 1964, the International Sport Organisation of the Disabled (ISOD) to act as Co-coordinating Committee; in 1978, the Cerebral Palsy International Sports and Recreation Association (CPISRA); in 1980, the International Blind Sports Federation (IBSA); IN 1986, the International Committee of Sport for the Deaf (CISS) and the International Sports Federations for Persons with an Intellectual Disability (INAS-FID). https://www.paralympic.org/ipc/history consulted on 03/06/2022.

[11] S. J. FONYUY, *The protection of persons with disabilities in Cameroon: a legal perspective*, Masters Dissertation, University of Bamenda, 2021, pp. 1-2.

[12] K. VASAK, "La réalité juridique des droits de l'homme", *Les dimensions internationales de*

Sport activities are a fundamental right and a fundamental freedom. It is a physical activity practiced by both valid persons[13] and persons living with disabilities. Sport is defined as a set of codified physical and intellectual exercises practiced in the form of individual or collective games that give rise to competitions[14]. Paralympic sports which is the case study of this paper is not defined by the Cameroon legislation notably by the law organizing and promoting physical and sporting activities. It is a series of multi-sports events specifically for athletes living with disabilities[15]. It is part of physical and sporting activities which are a set of practical activity which ensures the mental equilibrium, the presentation of health, physical intellectual or socio-economic enjoyment of an individual. This individual is known as an athlete. An athlete according to the above law is anyone who is recognized as medically fit and regularly certified by a sports Federation to carry out a physical and sport activity.

Sports activities however are fundamental to a person's development without distinction of race or social status. Mentioned in the Olympic charter[16], sport is an enjoyment of rights and freedoms ensured without discrimination of any kind, in particular because of race, colour, sex, sexual orientation, language, religion, political opinions or others, national or social origin, wealth, birth or any other status. Fundamental freedoms in fact are characterized by a power of choice. They are exercised without obstacles and guaranteed by law[17]. It is consecrated and protected by the fundamental law of the country contrary to fundamental freedoms which are guaranteed by the legislator. The practice of Paralympic sports is a fundamental right and freedom Each individual must have the opportunity to practice sport without discrimination of any kind

droits de l'homme, UNESCO ? 1978, p. 2.

[13] Valid persons consider in this paper as those who suffer from no physical or mental Impairments; they are those who practice Olympic sports.

[14] Section 10 of the Law No. 2018/014 of 11 July 2018 on the Organisation and promotion of physical and sporting activities in Cameroon.

[15] These disabilities includes among others impaired muscle power, limited movement and limb deficiency, vision impairment, hearing impairment and intellectual difficulties.

[16] In force as from July 2020.

[17] G. CORNU, *Vocabulaire Juridique*, PUF, 10e, 2014, p. 610.

and in the Olympic spirit, which requires mutual understanding, the spirit of friendship, solidarity and fair play[18]. However, Paralympic movement despite its long existence is still in a developing state in Sub Saharan Africa and in Cameroon in particular. It was considered as an entertainment for opening sporting ceremonies consequently the rights of athletes practicing it have not evolved as expected. Athletes still face a lot of difficulties at the local level and at the international level. In fact, the experience of Paralympic athletes in less developed countries is regrettable. Most often, their difficulties are minimized and take a very long time before given any consideration, thus leading Paralympic athletes to live in social and professional discomfort. This work will seek to study the difficulties faced by Paralympic movement athletes in exercising their various disciplines[19]. Or better still, identify the current state of the fundamental freedoms reserved for Paralympic athletes on one hand and challenges encountered by the movement on the other. In fact, the research question which is formulated in a question is *"To what extent are the rights of Paralympic sports athletes guaranteed in Cameroon?"* In the Cameroonian context, the rights reserved generally for Paralympic athletes is insufficiently guaranteed despite the fact that, much efforts have been made within the years to guarantee the fundamental freedoms to exercise Paralympic sports in the country. In fact, the respect of the fundamental rights of Paralympic athletes requires a formal guarantee. Is this done? In other to respond to the above question, the positivist method was used which involved the use of the legal method. Here, the analysis of doctrine, positive law and other accessory means such as the study of data from the web and interviews shall be used as the research method in this study. In fact, each domain of science relies on works which are the bases and prepares the future of another discipline. The choice of the

[18] https://www.lepetitjuriste.fr/sport-libertes-fondamentales/.

[19] Several disciplines of Para sports exist: archery, athletics, badminton, boccia, canoe, cycling, equestrian, football 5-a-side, goal ball, judo, powerlifting, rowing, shooting Para sport, sitting volleyball, swimming, table tennis, taekwondo, triathlon, wheelchair basketball, wheelchair rugby, wheelchair tennis, alpine skiing, biathlon, cross-country skiing, para ice hockey, snowboard and wheelchair curling. www.paralympic.org/sports accessed 03 May 2022.

positivist method is used here because the theory of positive law advocates in effect to establish what the law is and how it is[20], it will be necessary to combine the two dimensions of the discourse that is: the theory of law and legal dogmatism. If the theory of law endeavours to describe what the law is independently of its content, the legal dogmatism on the contrary, aims to establish what the content of the law in force is[21]. It is in using this method that we arrived at the findings of this study. In fact, the study is presented in two major parts that is, on a one hand, identify the current state of fundamental rights reserved for Paralympic athletes (I) and on the other hand, the challenges encountered by Paralympic sports athletes in Cameroon (II) shall be presented.

I. The Identification of the Current State of Fundamental Rights Reserved for Paralympic Athletes in Cameroon

The proclamation of fundamental rights and freedoms have to be accompanied by their protection and guarantee. The instauration of an efficient mechanism will only contribute greatly to the respect of these rights and freedoms not only against public authorities but also against private persons. Freedoms are exercised in such a way that it would not affect another nor permit the interference of another. The formal guarantee of a right signifies how they are organise in the internal system that is the legal order of the country. Cameroon consciously and slowly have been developing the sector of Paralympic sports. It has a variety of legal instrument as concerns the practice of Paralympic sports. With regards to the observation of organised legal instruments and institutions, the rights of Paralympic sports athletes are guaranteed in an incontestable manner. It is in this light, that an incontestable normative locomotive (A) and a variety of institutional framework (B) is available to guarantee effectively the fundamental rights and freedoms of Paralympic sport athletes.

A. An Incontestable Normative Locomotive to Guarantee the Rights of Paralympic Athletes in Cameroon

The respect of the fundamental rights of Paralympic athletes requires a formal consecration of

[20] H. KELSEN, *Théorie pure du droit*, Traduction française de la 2e éd. par Charles EISENMANN, Dalloz, Paris, 1962, pp. 1-2.

[21] X. MAGNON, *Théorie(s) du droit*, Ellipses, Paris, 2008, p. 6.

which its perfection in positive law is its guarantee. The guarantee of the rights of Paralympic athletes in Cameroon is visible through a well-adapted normative disposition. In fact, any right not included in a normative framework cannot boast of a protection or a guarantee. Paralympic sports athletes are classified in three categories: athletes with physical handicap, athletes with visual impairment and athletes with mental or psychological handicap. With regards to the universal value of equality of all, sports also is meant for all and have to be adapted to the category of person concern. Cameroon through a requiem of normative dispositions have set a base to guarantee the rights of Paralympic sports athletes. In fact, these rights are guaranteed nationally (1) and internationally (2).

1. National Legislation to Guarantee Paralympic Athlete's Rights

The evocation of a national legislation to guarantee Paralympic athlete's rights refers to the constitutional and national legislation to organise the practice of sport activities and Paralympic sports in particular. The principal consecration which gives right to the full enjoyment of all rights and freedoms of a Paralympic athlete is the constitutional consecration of these rights and freedoms. Linh Giang NGUYEN affirms the idea of human rights is not only an endless inspiration, but also the direct source of constitutions and democratic laws in the world. Moreover, it is in view to reconciling the transcendence and positivity of human rights that the draft of general principles on freedoms and non-discrimination in the field of political rights of the UNO stated that *"the best way to guarantee the rights and freedoms proclaimed, is to incorporate them into the constitution or another fundamental law, not subject to derogation or alteration by the ordinary legislative process"*[22].

In almost all constitutions of the world human rights can be found in the different constitutions and national laws[23]. After the

[22] A. MINKOA SHE, *Droits de l'Homme et droit Pénal au Cameroun*, éd Economica, 1999, p. 17.

[23] L. G. NGUYEN, « la protection constitutionnelle des droits de l'homme au VIETNAM », thèse / Université Toulouse 1 Capitole (UT1 capitole). 29 juin 2015, p. 598.

independence of African States in 1960, sub-Saharan African States became part of the movement ratifying those conventions set to protect human rights. As from 1990, these States included in their respective constitutions notably in their preamble their attachments to international conventions as concerns human rights. To Prof Maurice KAMTO, the influence of western constitutionalism on African constitutional writers explains the formal attachment of African States to the declarations of rights in their first constitutions[24]. In fact; the constitutional reform of the constitution of 18 January 1996 is a carrier of a good approach in issues of Human rights[25].

It is in this light that Cameroon choses its preamble which is part of its disposition[26] to aligns itself with all international conventions or documents relative to fundamental rights and freedoms and outline a good number of them. It states in line with the Universal declaration of Human Rights, the Charter of the United Nations and the African Charter on Human and People's Rights and all duly ratified International Conventions that "*all persons have equal rights and obligations. The State shall provide all its citizens with the necessary conditions for their developments*". Here, sports being a right is guaranteed for all by the constitutional consecration. It can be practised by anyone. In fact, the preamble of the Cameroon constitution precise that "*the nation shall protect and promote the family which is the natural foundation of human society; it shall protect women, the young, the elderly and the disabled*". In guaranteeing and protecting persons with disability is guaranteeing the rights of Paralympic athletes. This is because the athlete cannot be protected without protecting the person in the first place. Thus, the consecration of rights is a cornerstone to the respect and guarantee of rights of Paralympic athletes in Cameroon.

[24] M. KAMTO, "L'énoncé des droits dans les constitutions des États africains francophones", *RJA*, No 2-3, Yaoundé, Presses universitaires du Cameroun, 1991, p. 23.

[25] A. MINKOA SHE, *Droits de l'Homme et droit Pénal au Cameroun, op. cit.*, p. 9.

[26] Article 65 : the preamble shall be part of the constitution.

In countries like Spain[27] and Portugal[28], the practice of sport is constitutionally guaranteed. This puts the State in charge of the sporting activities. In international law same as in the national legislation, various measures of the same normative value implicitly ensure the effectiveness of sport and the athletes who practice it, thus Paralympic athletes. In the Cameroonian context, several specific legislations have been put in place to guarantee and protect the rights of persons living with disability and at the same time the rights of Paralympic athletes. This shows the willingness of the State to bring everyone to an equal standard with no discrimination and if there should be, then, it should be positive discrimination. In fact, in 2010, a law was passed to protect and promote the rights of persons living with disabilities[29]. This law in its section 2, defines the key terms used when addressing the issues of persons living with disability. In effect, disability is a limitation of a person's possibilities to fully participate with a deficiency in an activity in a given environment; a disabled person is any person unable to ensure on their own all or part of the necessities of a normal individual or social life, due to a physical or mental deficiency, congenital or not; incapacity: any temporary, partial or total reduction in the ability to perform an activity in the manner or within the range considered normal for a human being; and invalidity is the state of a person whose ability to work, due to physical or mental impairment, is permanently reduced and is assessed as a percentage. This law already set the base to guarantee the rights of Paralympic movement athletes.

The decree of application[30] of the law of 2010 came in to reinforce and guarantees the protection of persons

[27] In its article 43 (3), the Spanish constitution of December 27, 1978, consecrates the right to sport: The public authorities shall promote health education, physical education and sports. Likewise, they shall encourage the proper use of leisure time.

[28] In its article 79, the Portuguese constitution of 1976 amended in 2005, consecrates the fundamentality of physical education and sports. (1) Everyone shall possess the right to physical education and sport. (2) Acting in cooperation with schools and sporting associations and groups, the state shall be charged with promoting, stimulating, guiding and supporting the practise and dissemination of physical education and sport, and preventing violence in sport.

[29] Law No.2010/002 of April 13 2010 on the Protection and Promotion of Disabled Persons.

[30] Decree No 2018/6233/PM of July 2018 fixing the procedures for the application of law n° 2010/002 of 13 April 2010 on the protection and promotion of persons with disabilities in Cameroon.

with disability who are same persons to practice Paralympic sports. In fact, in its section 24, it states that "*the State and the Decentralized Territorial Communities promote the participation of persons with disabilities in sports, cultural, artistic and leisure activities, as well as national and international competitions*". Through these instruments, persons with disabilities are recognised and their rights spelt out. In a specific domain which is bent on the development of the practice of sports and physical education[31], several specific disposition are spelt out which directly guarantee the rights of Paralympic athletes in the exercise of sports. In its section 3, the above law states that the promotion and organisation of sports and physical education is of general interest and their practice constitute a right for all, notwithstanding sex, age, capacities or social status and this exercise is guaranteed by a sport doctor. This specific legislation reinforces equality of all and the core principle of social inclusion. This law in a nut shell, promotes as concerns Paralympic athletes the general principles of the convention of persons living with disabilities[32]. However, the production of the national status of Paralympic athletes not yet in existence will go a long way to reinforce the guarantee of the rights of the said athletes.

The fundamental norm which unites itself to the various specific legislations guarantees an equal access to physical education and sporting activities for all and thereby guaranteeing the respect of Paralympic movement athletes. Notwithstanding, international legislation has been put in place to guarantee the rights of Paralympic sports athletes in Cameroon.

2. The Guarantee of the Rights of Paralympic Athletes by International Instruments

To the question, how can international instruments satisfactorily guarantee Paralympic athletes in Cameroon is simple to be resolved. Human rights in general and fundamental rights and freedoms are generally consecrated

[31] The Law No. 2018/014 of 11 July 2018 on the organization and promotion of physical and sports activities in Cameroon.

[32] Article 3 of the Convention on the Rights of Persons with Disabilities: respect for inherent dignity, individual autonomy including the freedom to make one's own choices, and independence

universally. Several international instruments are implemented in Cameroon and are subdivided into universal and regional instruments. But it is important to note here that, the State must ratify the convention or instrument as it is generally said that *a State can only be bound by Law if it consents to it*. And once ratified it becomes integrated in the constitutional bloc[33]. This is the tendency of the Cameroonian constitution.

Firstly, universal instruments here principally concern those produced by the UNO. Here, the universal instrument to guarantee Paralympic athletes is the Universal Declaration of Human Rights of 1948 which proclaims without distinctions the various rights and freedoms. In its section 1, it admits *"all human beings are born free and equal in dignity and rights..."* which places every human to benefit from rights in the society without distinction but with a spirit of positive discrimination. Coupled with other specific instruments it guarantees the rights of Paralympic athletes; Such as the Convention of Persons with Disabilities which acknowledges the rights of persons with disabilities in a general manner and Paralympic sports in particular. In fact, article 3 of the Convention on the Rights of Persons with Disabilities enumerates a series of rights which gives Cameroonian Paralympic athlete varied rights. These are, the respect for inherent dignity, individual autonomy including the freedom to make one's own choices, and independence of persons; non-discrimination ; full and effective participation and inclusion in society; respect for difference and acceptance of persons with disabilities as part of human diversity and humanity; equality of opportunity; accessibility; equality between men and women; respect for the evolving capacities of children with disabilities and respect for the right of children with disabilities to preserve their identities. Moreover, a specific document not from the

of persons; non-discrimination ; full and effective participation and inclusion in society; respect for difference and acceptance of persons with disabilities as part of human diversity and humanity; equality of opportunity; accessibility; equality between men and women; respect for the evolving capacities of children with disabilities and respect for the rights of children with disabilities to preserve their identities

33 L. FAVOREU, « Le principe de constitutionalité », *Mélanges Eisenman*, Paris, Cujas, 1975, p, 33.

UNO applicable to Paralympic athletes is the International Status on Paralympic sports. While waiting on a national status on the practice of Paralympic sports, the above document is applicable to Paralympic athletes in Cameroon.

Secondly, the rights of Paralympic athletes are guaranteed in Cameroon through regional normative instruments. Same as the adoption of the Charter of Fundamental Rights of the EU, the African Union has specific regional instruments to guarantee the rights and freedoms of Paralympic athletes in Cameroon. The African Charter on Human Rights and People's Rights of 27 June 1981, set the base by stating in its section 18(4) that *"Persons with Disabilities shall have the right to special measures of protection in keeping with their physical or moral needs. Further in its section 60 and 61, it recognises regional and international Human Right instruments and African practices. Some of these instruments can be cited: the African Charter on Rights and Welfare of the child of 11 July 1990; the Protocol to the Africa Charter on Human rights and People's Right on the right of women in Africa of 11 July 2003; the African Youth Charter of 2 July 2006. The Protocol to the African Charter on Human and Peoples"* Rights on the rights of Persons with Disabilities in Africa of 29 January 2018 is the specific African normative instrument to guarantee the rights of Paralympic athletes in Cameroon. It makes it a principle in its section 4 (b) that "*mainstreaming disability in policies, legislation, development plans, programmes and activities and in all other spheres of life*" is Imperative. Through its rich dispositions Paralympic athletes have a guaranteed normative framework for the respect of their rights. Apart from the normative disposition, exist alongside for the implementation of the standards put in place a plethora of institutions to guarantee the rights of Paralympic sports athletes.

B. Varied Institutional Framework

The rights of Paralympic sport athletes will not be guaranteed in practice or survive if institutions to guarantee these rights are not available. In Cameroon there exist a variety of institutions both national and international public and private to guarantee the rights of Paralympic athletes. These institutions are organised in a way to promote and protect the practice of sports and to guarantee the rights of those practicing it. Moreover, the institutional organization of physical and sports activities is primarily based on freedom of association and the inherent principle to competitive sport is based on the equality of the participants. Thus, the rights of Paralympic sports athletes are guaranteed institutionally by a Sector based institution (1) and Sporting Committees and Federations (2).

1. Sector Based Institutional Framework

The recognition of fundamental freedoms into the legal order of the country necessitates their guarantee by an already established institution. These institutions can only be State-own institutions. The State in fact is a natural actor to guarantee fundamental freedoms and in our present context guarantee the rights of Paralympic sports athletes. The State in fact, incarnates the principle of order and of cohesion on which lies the existence of the society[34]. It is the personification of the Nation which acts in ensuring general interest. The State a moral person is the base of all authorities. It is the moral person and those governing are the physical person[35]. The State in the line of governance is organised in administrations. Administration on its part designates at the same time a function of a service of a mission and the organisation in charge of the mission[36]. Its principal role is to ensure a harmonious functioning of the society[37]. The State therefore through its administration, guarantees and protects activities of general interest as well as fundamental rights and freedoms for all. Its role is to materialise the normative disposition of the guarantee of the rights of Paralympic athletes. The functions of the State is first incarnated in the President of the Republic of Cameroon, who has as function to guarantee the rights of athletes in a general manner and Paralympic athletes in particular.

State institutions that is, ministries also have the competence to guarantee the rights of Paralympic

[34] A. ANDRE-JEAN and Co., *Dictionnaire encyclopédique et sociologique du droit*, Paris, LGDJ, 1993, p. 236.

[35] *Ibidem.*

[36] P-L FRIER and J. PETIT, *Droit administratif*, LGDJ, 11th edition, 2017-2018.

[37] *Ibid*, p. 16.

athletes. The Ministries of Social Affairs[38] which has amongst other functions to protect persons who are socially vulnerable; the Ministry of Public Health[39], which section 1 (2) of the above decree states amongst others that it is in charge of the follow-up of sports medicine and labour medicine in relationship with the concerned administrators as well as the follow-up of the activities of its domain of competence at the National Centre of Rehabilitation of Persons with disabilities: Cardinal Paul Emile LEGER, in relation with the Ministry of Social Affairs and the Ministry of Sports and Physical education[40] who plays a guardian role as concerns the exercise of sports and physical activities which can be seen in section 1 (2) of the above decree[41], are national and natural institutions to ensure the guarantee of the rights of athletes practicing Paralympic sports. The person is protected and given recognition by a percentage of disabilities by a health facility.

In Cameroon, courts which are the one of the key guarantors[42] of rights and freedoms serve a natural role to guarantee the rights of Paralympic athletes. It should be noted here that

[38] Decree No. 2017/383 of 18 July 2017 on the organization of the Ministry of Social Affairs.

[39] Decree No. 2013/093 of 03 April 2013 on the organisation of the Ministry of Public Health.

[40] Decree No. 2012/436 of 01 October 2012 on the organization of the Ministry of Sports and Physical Education.

[41] It is in charge of elaborating bills relative to the sector of sport and physical education, elaborate strategies and developmental plans relative to sport and physical education, develop and promote Olympic spirit and culture in the society, elaborates programs to promote elite sports and elevation of technical and tactics of sports, adopt teaching programs of physical education and sports in public or private basic, secondary or higher education, as ed well as follow-up its execution, ensure the follow-up of the realization of preparatory programs of elite sports athletes in collaboration with Sports Federation, guardian of sports participants in international competitions, follow-up of high level sports participants, ensure the control of the establishment of sports training, develop the formation and contribute to the research in sciences and in sports medicine, in relationship with the concerned Administrations, ensure the development of sports infrastructures, in relationship with the Ministerial department and Organs concerned, ensure the promotion and supervision of International competitions in relationship with the Organs concern, elaborate cooperation projects with national and international organs or partner countries in the domain of physical education and of sports, and monitor its putting in place, as well as its evaluation, in relationship with the Ministry of external relations.

[42] In Cameroon, the judiciary and the legislative are the key guarantors of fundamental rights and civil liberties.

the first judge of human rights is the national judge[43]. The national judge however s guided by human rights normative instruments. In fact, article 6 of the Universal Declaration of Human Rights states that "*everyone has the right to effective remedy by the competent national tribunals for acts violating the fundamental rights granted him by the constitution or law*". In the same light the ICCPR[44] sates in its section 14(1) that "*all persons shall be equal before the courts and tribunals. In the determination of any criminal charge against him, or of his rights and obligations in a suit at law, everyone shall be entitled to a fair and public hearing by a competent, independent and impartial tribunal established by law…*" Cameroon on its part have consecrated the right to access a court in the preamble of its constitution. It states that "the law shall ensure the right of every person to a fair hearing before the courts" The possibility to seize the ordinary court in charge of guaranteeing fundamental freedoms in Cameroon is guaranteed to Paralympic athletes who upon the violation of their rights and civil liberties can seek remedy at the court. The judicial judge in fact has a traditional role of "*guardian of rights and freedoms*"[45]. The administrative courts also have competence in the guardian of fundamental freedoms since they are protected rights and protected rights are substantially of constitutional value[46].

Internationally, the Court of Arbitration of Sport (CAS) is an institution independent of any sports organisation which provides for services in order to facilitate the settlement of sports related disputes through arbitration or mediation by means of procedural rules adapted to the specific needs of the sports world[47]. The court is open to

[43] A. KOAGNE ZOUAPET, « Les instances judiciaires du système Africaine de protection et promotion des droits de l'Homme », *s.dir* d'A. D. OLINGA, La protection internationale de Droit de L'Homme *en Afrique*, Éditions CLÉ Yaoundé, 2012, p. 188.

[44] The International Pacts relative to Political and Civic Rights of 1956.

[45] D. TURPIN, *Libertés publique et droits fondamentaux*, Paris, Ed. du Seuil, février 2004, p. 129.

[46] D. J. ZAMBO ZAMBO, "La protection des droits fondamentaux et droit à la *jurisdictio* constitutionnelle au Cameroun : continuités et ruptures", *Revue du centre de recherches et d'études sur les droits de fondamentaux*, 2019, pp. 12-13.

[47] https://www.tas-cas.org/en/genral-information/frequently-asked-questions.html accessed 10 April 2022.

athletes, clubs, and sport federations, organisers of sports events, sponsors or television companies[48]. Nonetheless, the intervention of the legislator is indispensable[49] to complete the constitutional dispositions to guarantee the respect of the rights of Paralympic athletes. The above institutions serve a natural role in guaranteeing the rights of Paralympic sports athletes in particular in the Cameroonian context. However, special institutions have been designed to follow up the development of Paralympic sports both personnel and institutions.

2. Committees and Federations Institutional framework

In order to ensure a better follow-up of the sports and physical education of a particular sector, it is vital to establish specific institutions to manage the affairs of the sector. This in a bit to resolve the rising issues which might take a longer period to resolve it in a more generalised institution. As a matter of fact, sectorial institutions have been created to manage the affairs of Paralympic sports in a general manner and its athletes in particular, thus ensuring a certain guarantee of the rights of Paralympic sports in Cameroon. The rights of Paralympic athletes in Cameroon same as in many other countries are protected through independent sports and non-sports commissions, federations and associations which are both national and international[50].

The Cameroonian National Paralympic Committee as created by section 55 of the law organising sports and physical education[51] is just a consequence of paragraph 3

3.3.1 of the International Paralympic Committee (IPC)[52] which states that "*the National Paralympic Committee (NPC) is the organisation recognised by the IPC as the sole representative of athletes with a disability in that country or territory to the IPC, and*

[48] https://www.tas-cas.org/en/genral-information/frequently-asked-questions.html accessed 10 April 2022.

[49] H. OBERDORFF, *op. cit.*, p. 141 ;

[50] Comité National Paralympique Camerounais (CNPC), French appellation.

[51] The Law No. 2018/014 of 11 July 2018 on the organization and promotion of physical and sports activities in Cameroon.

[52] International Paralympic Committee Handbook, November 2013, Paralympic Games, Organ isation Principles.

recognised as such by the respective National Sports Council or similar highest sports authority within a country". This committee has as main objective to promote sports for people with disabilities and guarantee and protect the rights of the Paralympic athletes.

Attached to this committee are sports Federations for specific disabilities. This can only go a long way to guarantee the rights of Para athletes. In fact, the law organising and promoting sports and physical activities provides the creation of sports Federations. In its section 44 (1), it states that sports Federations are regulated by the dispositions of the present law, the status and regulations as well as those of international sports entities to which they are affiliated to. They can be civil, military, school, university or sports for person with disability. The Cameroon National Paralympic committee has four Federations attached to it. They are the Cameroonian Sports Federation for the Visually Impaired (FECASDEV), Cameroonian Sports Federati on for the Physically Disabled (FECASDEP), Cameroonian Federation of Sports for the Intellectually Disabled (FECASDI) and the Cameroonian Sports Federation for the Deaf (FECASSO). The National Committee and Federations all in a particular way in the specificity guarantee the rights of Paralympic sports athletes. Also, to oversee the rights of athletes, it is permitted for them to create associations which are attached to the various Federations. Section 44 (4) of the law organising sports activities states that associations are grouped and certified into several disciplines in sports Federation which can be , military, school, university or for persons with disability. At the international and at the regional level, the International Paralympic Committee (IPC) and the African Paralympic Committee. IPC is the international governing body as concerns Paralympic sports. It has as fundamental role, the athlete's interest, priorities, and opportunity to participate in fair competition and to excel in sports. It exists *to lead the Paralympic movement, oversee the delivery of the Paralympic games and support members to enable Para athletes to achieve sporting excellence*[53]. It also advocate social inclusion, improve

[53] https://www.paralympic.org/ipc/who-we-are accessed 10 April 2022.

on athletic performance and increase global awareness on Paralympic games. They oversee the respect of the Paralympic values for athletes and all those involved in Para sport which are *courage*, *determination*, *inspiration* and *equality*[54].

Moreover, a non-sports Commission that is the Cameroon Human Rights Commission is the country's governing body to oversee that the rights of everyone is guarantee and protected. According to section 1 (2) of the law organising it[55] *"it is an independent institution for consultation, monitoring, evaluation, dialogue, conciliation and deliberation in the promotion and protection of human rights"*. This institution can receive complaints on the violation of rights of Paralympic athletes or can intervene directly if violations are being made as concerns the guarantee the rights of these athletes. The Cameroon National Olympic Committee always participate in the guarantee of Paralympic athletes especially in facilitating their participation in Elite sports (Islamic games, Francophonie games and the Commonwealth games). A recent example is their principal role in facilitating the respect of the rights of Paralympic athletes for their participation of the July-August 2022 Birmingham games. In a nutshell, the fundamental rights of Para sport athletes from the above presentation are guaranteed through a normative disposition and an organised institutional framework. But now, the shortcomings to the guarantee of these rights shall be presented.

II. Challenges to the guarantee of the rights of Paralympic sports athletes in Cameroon

The principle of equality of Man and the elimination of all forces of discrimination against persons with disabilities are fundamental values with regards to human rights in all States. However, these category of persons regularly witness discrimination and violation of their fundamental rights. The realisation of their fundamental rights and freedoms are not often prioritised. The development of the discipline

[54] https://www.paralympic.org/ipc/who-we-are accessed 10 April 2022.

[55] Law No. 2019/014 of 19 July relating to the establishment, organisation and functioning of the Cameroon Human Rights Commission.

is very slow in Cameroon its neighbouring countries of the sub-Saharan African States. The example of the distinction of Olympic athletes and Paralympic athlete is very visible as the success and evolution of Paralympic athletes is often on the *"back scene"*. In issues of sports, if it is easy to demonstrate its importance to the society, it is more difficult to appreciate its influence on the evolution society[56].

It is good to precise here unfortunately not everyone with a disability can practice this sport depending on the gravity of the disability. the Protocol to the African Charter on Human and Peoples' Rights on the rights of person with disability in Africa recognises in its preamble that "*adequate effective measures have not been taken to ensure that Person with Disability may exercise their full rights on an equal basis with others and it acknowledges the lack of substantive binding African normative and institutional framework for ensuring, protecting and promoting the rights of Persons living with disability and thus Paralympic athletes*". With regards to the shortcomings to the guarantee of fundamental freedoms and rights of Paralympic athletes the unequal attention given by the State with respect to other sporting disciplines (A) and the identification of some technical issues will be presented (B).

A. The Unequal Attention given by the State with Respect to other Sporting Disciplines

Paralympic sport is less known by Cameroon maybe due to a less interest of the national media with regards to national, regional or international competitions. A general view of the public in Cameroon about Paralympic sport is that it is an activity meant for persons with disability and concerns only them. This stereotype view of the public is a daily reality the athlete face[57] in Cameroon. But above these there is an unequal treatment from the State with

[56] F. C. DIKOUME, *op. cit.*, p. 16.

[57] To cite an example, in an interview with an athlete President of the the *Association des Athlètes Para Sportifs du Cameroun*, on Saturday April 23 in Yaounde while preparation for the regional Paralympics in South Africa in the Month of May, she said "*while in a taxi heading home after a training session, a passenger exclaimed that why is she suffering herself doing sports upon her physical disability*." This only shows an example of the stereotype mind of the public which is just part of the difficulties the athletes face daily.

respect to Olympic athletes to excel in their career. The issue of inequality and discrimination (1) and the issue of inadequate sporting infrastructure and equipment (2) are material limitation to the guarantee of the rights of Paralympic sports athletes.

1. The Persistence Inequality as concerns Paralympic Athletes

Persons living with disabilities in a general manner face a lot of difficulties with regards to social integration. Marie-Claire CAGNOLO mentions that the question of disability raises a number of questions which are not only relative to the theoretical order since their non-resolution leads to obstacle to the integration of persons living with disabilities[58]. Of which disability issues nowadays should not be seen in ill status (medical conception) but seen more in the capacity of social integration of persons living with disabilities, that is through their rights (social approach) stated the High Commissioner of the UNO stated[59]. It is considering the social approach that, it is notice through Cameroon's positive law and practice of the discipline that Paralympic athletes face unequal treatment as concern realising their rights and freedoms as compared to other disciplines in the country.

A principal issue is that of stigmatisation. The physical and mental impairments of Paralympic athletes makes the State of Cameroon reticent in developing the sport disciplines of Paralympic movement. The administrators rather treat the athletes with pity instead of concentrating in the realisation of their rights already consecrated. In Cameroon, the State does very little to mediatise the discipline[60]. In addition, the inadequate human resources in the discipline curtails the rights of the Paralympic athletes as performance will always be low. Several physical persons intervene in the domain of Paralympic sports amongst others

[58] M-C CAGNOLO, «Le handicap dans la société : problématiques historiques et contemporaines», Humanisme et Entreprise 2009/5 (n° 295), p. 57-71. DOI 10.3917/hume.295.0057

[59] G. QUINN and T. DEGENER, *Droits de l'homme et invalidité : L'utilisation actuelle et l'usage potentiel des instruments des Nations Unies relatifs aux droits de l'homme dans la perspective de l'invalidité Nations Unies New York et Genève,* 2002.

[60] The official event of July 21, 2022 to send-off and present the flag to Paralympic athletes to participate in the Birmingham Commonwealth Games from July 28 to August 8, 2022 was done unnoticed to the public which is the case with most disciplines in the Country.

are sports agents, sports guide personnel, sports doctor and sport coaches. A section is created at the National Sport Schools that is NIYS[61] called "*adapted sports*" which do not produce specialist in Paralympic sport disciplines. Moreover in the national school to train sports and youth instructors, CENAJES[62], it is mentioned in a general perspective and do not constitute a core course or given major consideration. In the same line, the coaching personnel could do more specialisation as concerns sports management of Paralympic sports. They adapt what they were generally thought as concerns sports for the valid to the various Paralympic sport disciplines. Could this be the reason why more disciplines have not yet been established in Cameroon? The need for a document like the Paralympic sport coaches guide of the United States[63] to guide coaches of Paralympic sports and the athletes in Cameroon will go a long way to guarantee their rights to practice the sports. Most referees of the discipline do not have a national working guide, have less adapted skills and some do not give much attention to the discipline but on the Olympic disciplines.

Moreover, Paralympic suffer from insufficient preparations as compared to other disciplines. Certainly, they need much attention due to energy required for their various exercises which often turn to be very cumbersome. This is the more reason why the State should in its positive law develop adequate rules of training and specific training as well as providing the necessary and adapted training materials. Paralympic athletes do not undergo any education on the disciplines but are invited to join the movement and they shall be trained. In fact, Paralympic sports requires a series of psychological training and follow-up seminars already provided by the law of 2010 on sports activities and physical education. The limitations to Paralympic athletes due to an insufficient physical education reduces their performance and this is an impediment to the guarantee of their rights. The Ministry of Sport

[61] The National Institute for Youth and Sport created by decree No. 60/272 of December 31, 1960.

[62] The National Youths and Sport Centre.

[63] https://www.teamusa.org/-/media/USA_Paralympics/Documents/Community-Partnerships/Paralympic-Sport-Coaching-Guide-2017.pdf?la=en&hash=365FF177C8D5F57C3830449E4D-FCEEB9A3537665 accessed 20 May 2022.

and physical education has a mission to guarantee physical education to all athletes and coaches which is not yet the case as concerns the practice of Paralympic sports in Cameroon. The golden principle of non-discrimination consecrated in international conventions on Human rights and the constitution is not difficultly applied as concerns the practice of Olympic sports and Paralympic sports. This tendency has discourage many youths from engaging in Paralympic sports. These continuous discriminations curtails the guarantee of the rights of Paralympic athletes in Cameroon.

2. Inadequate and insufficient sporting infrastructure for the development of Paralympic sports in Cameroon

The State is a social organisation and as such has to ensure the development of the society and everyone in it as stated by both universal, regional and national instruments that everyone have to be treated fairly and equally with no discrimination. The interest of the individuals with distinction should be considered as a constant necessity, thus the question of accessing a public infrastructure should be put forward as a main issue for Paralympic athletes but regrettably, the development of sports infrastructure to suit the practice of Paralympic sports is still a major challenge to the development of Paralympic sports. Moreover, it is noticed that the State tends to prioritise other sporting infrastructure than that of Paralympic sports. Paralympic sports in fact and as presented above, is a sport activity for a category of persons with disability and necessitates special infrastructures adapted for each Paralympic sport disciplines. The International Paralympic Committee has put in place a document which is very recent that is, the *accessibility guide of 2019*[64]. Equally, there exist an architectural guideline for Paralympic sport facilities[65]. These documents describe and identify the requirements for a Paralympic athlete and for an adapted infrastructure

---

[64] https://www.paralympic.org/sites/default/files/2020-11/IPC%20Accessibility%20Guide%-%20 4th%20edition%20-%20October%202020_0.pdf#page83 accessed June 1, 2022.

[65] https://www.bisp-sportinfrastruktur.de/ShareDocs/Publikationen/sonstige_Publikatioen_Ratgeber/OH_Englisch_Paralympic_Sport_Facilities.pdf?_blob=publicationFile&v=1 accessed on June 1, 2022.

for sports and physical activities of Paralympic sports. In fact, the development and trends in sports for people with disabilities, the basic principles of construction of accessible sports facilities, specific requirements for sports multi-purpose halls, specific requirements for swimming pools and specific requirements for athletics facilities if taken into consideration will go a long way to guarantee the rights of Paralympic athletes in Cameroon.

It should be recalled here that, sporting activities are a public service of sport[66] that is, a material activity destined to satisfy a need of general interest and this activity is guaranteed by the State[67]. Developing the practice of sporting activity infrastructures requires the intervention of the State. This intervention and development is done strictly on Public law rules since it is done using public contracts, and will require state land and urbanisation plan as well as public finance. The development of adequate and adapted infrastructures for Paralympic sports will not only be a positive gain for an imminent regional or international competition but a positive heritage for the future generations. As of now, Paralympic athletes in sub-Saharan African States especially in Cameroon have much difficulty as concerns adequate sports infrastructures for training and competitions. Could the less interest in organising visible and serious Paralympic sporting competitions nationally and locally wide be the issue in developing Paralympic sports? In fact, little or no competitions are organise for Paralympic athletes in the country apart from those of the primary, secondary and university games. Drawing an inspiration from emerging countries, the case of China and Barcelona model in Europe since 1992 could be cited where Paralympic sports demonstrated the influence it can have in a State. In fact, china which less respected the rights of persons with disabilities in a general manner became one of the models in the world after being designated as the host of the Paralympic games

[66] Its public service because it is the State who guarantees its exercise by a regulation partially Imposed by the State through several legislative dispositions, financial means, and political intervention

[67] The activities of public services are united to the function of the administration. E. P. ABANE ENGOLO, *Traite de droit administrative du Cameroun, Théorie générale et de droit administratif spécial ; Harmattan, 2019*, p. 45.

of Beijing 2008 in treating with less discrimination, persons with disabilities in general and Paralympic athletes in particular[68]. It went further to adopt a law on the accessibility of infrastructures to ameliorate the access of persons with disabilities to infrastructures[69].

The necessity of good training equipment, eliminate difficulties with regards to transport, to lodging and sporting activities for Paralympic athletes is a fundamental right to them. It should be remembered that the practice of Paralympic sports is meant for the development of the athletes and for social cohesion. Without the necessary training and completion equipment, these principles will not be attained and the rights of the athletes will be curtailed. They require the same title with the valid athletes or Olympic athletes, quality and adapted training programs. At times, Paralympic athletes are frequently at the risk of concussion which is a type of traumatic brain injury, especially in high-speed, high-impact sports like wheelchair basketball. Thus there is a need for special equipment and infrastructures ready to face the difficulties that the athletes may face for the simple reason that, to a special situation adapted provisions should be provided. However, it is difficult to present all personal material limitations to guarantee the rights of Paralympic athletes in Cameroon. There exist a technical limitation to the guarantee of the rights of Paralympic Athletes.

B. Relative technical aspects

The putting in place of the normative disposition to guarantee the rights of Paralympic athletes in Cameroon is yet to be desired especially as concerns the classification of athletes for competitions (1) and the difficulty in financing athletes (2).

1. The difficulty in national classification of athletes

Classification is the corner stone of the Paralympic Movement and it determines which athletes are eligible to compete in a sport and how those athletes are then grouped together for competition in order to minimise

[68] https://www.un.org/fr/chronicle/article/les-jeux-paralympiques-et-la-promotion-des-droits-des-personnes-handicapees consulted 17/07/2022.

[69] https://www.un.org/fr/chronicle/article/les-jeux-paralympiques-et-la-promotion-des-droits-des-personnes-handicapees consulted 17/07/2022.

the impact of athletes' impairments on sport performance[70]. Athlete Classification in the Paralympic Movement (referred to in the Code as "Classification") is a defining feature of Para-sport. It is defined as grouping Athletes into Sport Classes according to how much their Impairment affects fundamental activities in each specific sport or discipline[71]. Classification of athletes is important because impairment affects the ability to participate in different sports disciplines which means that having an impairment is not sufficient for an athlete to participate in a completion be it local, regionally or international. It is carried out through a process called "Athlete Evaluation" that comprises procedures for the assessment of athletes and allocation of Sport Class and Sport Class Status[72]. The different systems of classification, the specific characteristics of each disability and the story of the athlete can have a great impact on their development. Several issues with Paralympic sports in Cameroon account for the difficulties in a proper classification of athletes for competitions especially for regional and elite competitions. The inadequate and less adapted policy of classification of athletes needs to be redressed by the authorities concerned. Some issues can be pointed out. In a first place the recruitment of athletes is done not regarding age, race, religion or social status. This is a positive policy of the law but the issue here will be that of age. In sport competitions, age factor is very crucial as concerns classification of athletes. The factor should not be dismissed but a good classification policy will fix age limits for certain competitions. This in a bit to give the athlete a better category to compete and not be discourage by their performance because others had better classification policies. The inadequate means and policy

[70] https://www.paralympic.org/athletics/classifcation accessed May 15, 2022.

[71] Paragraph 2.1 of the International Paralympic Committee Athlete Classification Code of 2015.

[72] In fact Athlete Evaluation must answer three questions that is, if the athlete has an Eligible Impairment for the sport, if the athlete's Eligible Impairment meet the Minimum Impairment Criteria of the Sport and which Sport Class should the athlete be allocated. There are generally ten Eligible impairment types that is, impaired muscle power; impaired passive range of movement; limb deficiency; leg length difference, short stature; hypertonia; ataxia; athetosis; vision Impairment; intellectual impairment.

of classification of Paralympic sport athletes in Cameroon reduces considerably their performance.

Secondly, the lack of national classifiers is a means to curtail the fundamental rights of Paralympic sports athletes. It is the responsibility of the State to guarantee the training of a medical personnel to be a classifier recognised internationally. The issue of classification in Cameroon concerns the classifier and the athletes to be classified. Classifiers are generally medical doctors who have undergone a specific classification course and appointed by the International Sports governing body. It is regrettably remarked that most African countries are still lacking as concerns the training of classifiers.

Thirdly, the moment of classification of Paralympic athletes for international competitions. Paralympic athletes in Cameroon generally trained for competitions before doing their classification which is a disadvantage to them. This is contrary to other develop countries who have classifier personnel to do the classification of their athletes before they begin training for any competition.

In fact, apart from being a medical doctor, one need a specialisation study in order to possess classifier competences and training certification. The advantage of having a qualified classifier for athletes guarantee their rights as athletes. Having an adequate classifier personnel which has it technicalities as seen in the World Para Athletics Classification rules and regulations of 2028, will psychologically reassure the athlete they are taken into consideration in their country and call for better performance and their personal development and moreover as concerns their financial status. In Cameroon, the fact of having a medical certificate for a medical doctor to precise the percentage of a disability becomes void when it comes to classification which needs a lot of evolution. Proper apparatus and policy for the classification of Paralympic sport athletes will guarantee the right of athletes for a better participation and to benefit from all advantages.

[73] Section 58 law No. 2021/026 of December 16, 2021 on the Financial Law of the Republic of Cameroon.

2. Limited funding of Paralympic sports

The guarantee of the rights of Paralympic athletes requires their funding since being an athlete requires expenditures and revenues. The participation in international competition requires the funding of the training of the athletes and expenditures on materials by the National Paralympic Committee and the different Federation. In fact all begins with the State. The state financial law is yet to include explicitly the financial management or allocations for vulnerable person's activity particularly the activities of persons with disabilities. On reading through the financial laws of the past years and notably that of the year 2022, it is noticed that funds are in principle to be made available for the development of physical education and the development of sports[73] at the national level which will require the funding of Paralympic actors, case study of this paper. The circular which is supposed to give clarification of the execution of the budget does not precise the management of persons with disabilities generally and notably the circular on the instructions relating to the execution of the Finance Laws, the monitoring and control of the execution of the budgets of the State and other public entities for the 2022 fiscal year. However, it is the responsibility of the different Ministerial departments notably that of sports to fund the activities of Paralympic athletes in Cameroon. In fact, it is the responsibility of the Ministry of sports and physical education to allocate funds to the National Commission of Paralympic sports and then the Commission to the various Federations. The National Commission of Paralympic is yet to seek its own funds to finance its Federations. It finds difficulties in finding sponsors for Paralympic sports in Cameroons. They have funded athletes for senior sports competition but cannot do so for every sport meetings and competition the athlete will like to participate in.

Apart from the Ministerial allocations a special fund is being made available by law which is yet to be effective. Section 73 of the law organising sports and physical education to this effect creates a Development fund for sports and physical education (FODAPS)[74],

[74] Fonds de Développement des Activités Physique et Sportive : its French appellation.

which is yet to be felt by athletes of Para sport. The State is supposed to be the principal source of funding of athletes but this is not the case as many athletes still live in difficult situations and seek their means of funding their physical activities themselves. At times, it becomes the responsibility of certain authorities and persons to provide funds on a humanity bases and as well as on personal competence bases.

Athletes in Cameroon find themselves pre-financing themselves as concerns their mobility to training grounds and the acquisition of certain training materials. They can only hope to be repaid at the event of senior sports competition which have high benefits[75]. In comparing with Olympic athletes, these receive apart from funds provided by their Federations special and motivational funds from both public and physical persons of which Paralympic athletes are not entitled to. The lack of funding of Paralympic sports athletes have a huge impact on their personal developments and performance as well. Health cost during training falls on the athlete and if funding is absent therefore insurance of any category be it of health or wellbeing is absent. It is difficult for a job to be guaranteed for a Paralympic athlete in Cameroon. It is either the athlete is totally working or full time sport agent. The President of the first ever Paralympic movement association stated that "the Director of the National Paralympic Commission of Cameroon had taken upon himself to privately finance the mobility and training cost of all athletes who performed better than his/her past records"[76]

In France for instance, Financial assistance and personal assistance is given by the *Ministères de la ville et de la jeunesse et des sports*. These funding as concerns Paralympic sport athletes has as objective to finance the sport career that is training, cost of materials, mobility and also after the career with profession formations[77]. The poor treatment of Paralympic athletes with regards to insufficient funding for their career and the end

[75] Senior sports competitions such as the Islamic games, the Commonwealth games and the Francophonie games.

[76] Information gotten from an interview of the President of the *Association des Athlètes Para Sportifs du Cameroun*, MAWE FOKOA Arlette on the 23 April 2022.

[77] https://www.sunrisemdical.fr/blog/aides-pour-sportifs-paralympiques-france accessed 05 June 2022.

of their career curtails the right to the exercise of this physical activities.

General conclusion

Sports in a general manner is a fundamental freedom in Cameroon. A factor of unity, social cohesion and personal development of those practicing it. In a particular manner the constant practice of Paralympic sports will develop performances, increase the interest in the discipline and the socio-cultural impact the life of Paralympic athletes. The State through sports administrations has a principal role to organise and guarantee the right to practice Paralympic sports at every level. But this will be farfetched with the current state of treatment of the sports. It is not a hidden factor in Cameroon that the development of Paralympic sports and the guarantee of the rights and freedoms of Paralympic athletes are mitigated. However, the consideration of a visible and the organisation of more national and local Paralympic competitions not only University and FENASCO games with the necessary assistance will boast the disciplines and even more of its disciplines will be created. At the end of this study, the following recommendations will strengthen the growth of Paralympic sports in Cameroon. That is the carryout of survey from time to time as concerns the need of persons with disability who are potential Paralympic athletes for adequate and adapted Paralympic sports activity and infrastructural development, adopt the legal status for Paralympic sports and athletes as stated by the law on sports and physical education, develop a law on the accessibility of all to all public and private infrastructures, include the needs of persons with disabilities in a general manner in producing legislation rather than always coming back to make special provision some years after, consider the reprimand of public stigmatisation and for the violation of the rights of vulnerable persons in general and Paralympic athletes in particular will draw Cameroon to measure its standards of Paralympic sports with those of developed countries on one hand and develop in all aspects, the life of Paralympic athletes most especially the female gender. The implication of Africa especially the African Paralympic Committee in the development of Paralympic sports in all its countries through a singular Regional initiative will lead to a sustainable practice of Paralympic sports and the respect of a Paralympic Fundamental Right.

Bibliography

A. ANDRE-JEAN and Co., *Dictionnaire encyclopédique et sociologique du droit*, Paris, LGDJ, 1993 ;

A. MINKOA SHE, *Droits de l'Homme et droit Pénal au Cameroun*, éd Economica, 1999 ;

D. TURPIN, *Libertés publique et droits fondamentaux*, Paris, Ed. du Seuil, février 2004 ;

E. P. ABANE ENGOLO, *Traite de droit administrative du Cameroun, Théorie générale et de droit administratif spécial ;* Harmattan, 2019 ;

F. C. DIKOUME, *Le service public du sport en Afrique noire, L'exemple du Cameroun*, L'Harmattan, 2e éd, 2012 ;

G. QUINN and T. DEGENER, *Droits de l'homme et invalidité : L'utilisation actuelle et l'usage potentiel des instruments des Nations Unies relatifs aux droits de l'homme dans la perspective de l'invalidité Nations Unies New York et Genève,* 2002 ;

H. KELSEN, *Théorie pure du droit*, Traduction française de la 2e éd. par Charles EISENMANN, Dalloz, Paris, 1962 ;

H. OBERDORFF, *Droit de l'homme et liberté fondamentales*, LGDJ, 2008 ;

M. LEVINET, *Théorie générale des droits et libertés*, Bruylant, 2008 ;

P-L FRIER and J. PETIT, *Droit administratif*, LGDJ, 11th edition, 2017-2018;

X. MAGNON, *Théorie(s) du droit*, Ellipses, Paris, 2008.

A. KOAGNE ZOUAPET, « Les instances judiciaires du système Africaine de protection et promotion des droits de l'Homme », *s.dir* d'A. D. OLINGA, La protection internationale de Droit de L'Homme *en Afrique*, Éditions CLÉ Yaoundé, 2012 ;

D. J. ZAMBO ZAMBO, "La protection des droits fondamentaux et droit à la *jurisdictio* constitutionnelle au Cameroun : continuités et ruptures", *Revue du centre de recherches et d'études sur les droits de fondamentaux*, 2019 ;

K. VASAK, "La réalité juridique des droits de l'homme", *Les dimensions internationales de droits de l'homme*, UNESCO ? 1978, p. 2.

L. FAVOREU, « Le principe de constitutionalité », *Mélanges Eisenman*, Paris, Cujas, 1975 ;

L. G. NGUYEN, « la protection constitutionnelle des droits de l'homme au VIETNAM », thèse/ Université Toulouse 1 Capitole (UT1 capitole). 29 juin 2015 ;

M. KAMTO, "L'énoncé des droits dans les constitutions des États africains francophones", *RJA*, No. 2-3, Yaoundé, Presses universitaires du Cameroun, 1991 ;

M-C CAGNOLO, « Le handicap dans la société : problématiques historiques et contemporaines », Humanisme et Entreprise 2009/5 (n° 295), p. 57-71. DOI 10.3917/ hume.295.0057 ;

S. J. FONYUY, *The protection of persons with disabilities in Cameroon: a legal perspective*, Masters Dissertation, University of Bamenda, 2021.

LE FINANCEMENT DES CLUBS DE FOOTBALL PAR LE SPONSORING MAILLOT EN DROIT CAMEROUNAIS

Joseph Thierry KOUMENI TCHOUPE

Docteur/PhD en Droit privé
(Université de Maroua)

Résumé

Ces dernières années, tous les observateurs avertis du monde du sport ont fait le constat suivant lequel l'État camerounais seul, ne peut plus soutenir financièrement le football ; il a besoin d'être accompagné par les acteurs privés à l'instar des entreprises. Parmi les sources de financement privé de l'activité sportive, le contrat de sponsoring maillot occupe une place privilégiée. L'ambition de la présente étude se cristallise autour de la caractérisation du financement par le contrat de sponsoring maillot en droit camerounais. La réponse que suggère l'étude est que le financement par ce contrat se caractérise par un encadrement juridique assez strict. Le but est de démontrer que les pouvoirs publics autorisent le financement des clubs de football par le contrat de sponsoring maillot en donnant la possibilité aux parties d'en fixer le contenu tout en respectant les règles liées à l'environnement juridique dans lequel il s'insère à savoir : les règles sportives et les règles de publicité.

Mots clés

Financement, contrat de sponsoring maillot, clubs de football, règles sportives, règles de publicité.

Il a été démontré ces dernières années que le sport moderne n'est plus simplement « *une forme particulière de jeu* »[1], il est devenu davantage un enjeu économique[2] au vu des sommes mirobolantes qu'il génère au fil des ans. Au Cameroun, le football a tendance à se démarquer des autres disciplines sportives de par sa popularité. C'est donc fort de cette notoriété que le football camerounais bénéficie d'importants financements. Le plus connu est celui pour lequel l'État participe[3]. Il finance l'activité footballistique au niveau fédéral et infra-fédéral.

Au niveau fédéral, l'État apporte fréquemment un soutien financier consistant aux fédérations *stricto sensu* pour organiser des compétitions sportives ou pour assurer la participation des sélections nationales auxdites compétitions. Au niveau infra-fédéral, on observe après l'examen du droit positif camerounais un soutien financier de l'État aux associations sportives associées à la FECAFOOT : ce soutien vise les Clubs[4] et les Ligues de football à l'instar de la Ligue de Football Professionnel du Cameroun (LPFC)[5].

Le financement du football peut aussi être privé, dans cette perspective, il prend la forme d'investissement dans le sport[6]. La création de la LPFC en 2011 s'inscrit dans la

[1] L'expression est empruntée à LASSALLE (JP), *Sport et délinquance*, Economica, PUAM, 1988, p.10.

[2] Cf. PACHA NKOUCHIPO (C.), « La responsabilité pénale des footballeurs professionnels au Cameroun », *in* Revues africaines de droit et d'économie du sport, L'Harmattan, n°1 juin-juillet 2022, p. 53.

[3] Sur le financement étatique, voir PEKASSA NDAM (G.M.), « Le financement étatique des associations sportives en droit positif camerounais », in ONDOA (M.) et ABANE ENGOLO (P.E.), (dir.), L'exception en droit, Mélange en l'honneur de Joseph Owona, l'Harmattan, 2021, pp. 177-207.

[4] Voir dans ce sens l'article 21 du décret n° 2014/384 du 26 septembre 2014 portant organisation et fonctionnement des sélections nationales de football qui dispose que « toute association ou société sportive affiliée à la FECAFOOT et engagée dans une compétition officielle internationale peut bénéficier des droits et avantages d'une sélection nationale de football selon les modalités fixées par un texte particulier ».

[5] Cf. Décision n°20/1299/D/MINFI/SG/DGB/DPB/CSE/MJT du 23 avril 2019 portant déblocage de la somme TTC de FCFA 350 000 000 (trois cent cinquante millions) au profit de La ligue de Football Professionnel du Cameroun destiné à la prise en charge d'une partie de ses charges de fonctionnement.

[6] Le sport offre des débouchés à de nombreuses activités économiques qui appellent des finance-

professionnalisation du football camerounais ; *« l'idée est de rompre avec l'époque où le financement du football était l'apanage de l'État, de la Fédération et des clubs, pour impliquer d'autres acteurs tels que les entreprises... »*[7], les banques, les sociétés commerciales, les médias[8] dont les recettes sont en parties dépendantes du volume et de l'attractivité des compétitions sportives. Ils financent le football à travers des instruments comme le mécénat, le *naming*[9] et le sponsorisme. Ce dernier constitue une source de financement de premier choix dans le domaine du football.

La technique de sponsoring est vieille de plus de deux mille ans puisqu'elle remonte au temps de la Rome antique, à l'occasion des jeux, financés par les empereurs pour ren-

ments et qui, dans une société marchande, produisent des recettes financières supérieures au financement initial. Cf. ANDREFF (W.), « Les finances du sport et l'éthique sportive », in *Revue d'économie financière*, n° 55, 1999, p. 135.

[7] PEKASSA NDAM (G.M.), *op.cit*., p. 178.

[8] La télévision, au moyen de l'achat des droits de retransmission des évènements sportifs, représente la principale source de financement des clubs et des fédérations nationales et internationales. Sur les interactions entre sport et les médias, voir SIGNOLI (A.), Droit, sport et médias, Les droits audiovisuels des manifestations sportives, Thèse, Institut Universitaire Varenne, 2018.

[9] Le *naming* est une pratique qui consiste à donner au stade le nom d'une marque commerciale. Apparu aux États-Unis dès 1926, lorsque la marque de chewing-gum Wrigley a donné son nom au stade de base-ball de Chicago, le Wrigley Fields, cette pratique est restée longtemps marginale en Europe, même si l'on note en 1987 que la firme Reebok rebaptise le Burnden Park de Bolton Reebok Stadium. La candidature de l'Allemagne pour l'organisation de la Coupe du monde de football 2006 a été l'élément déclencheur d'un vaste mouvement de *naming*. Grâce aux apports financiers octroyés par la cession du droit d'appellation d'une enceinte sportive, cette pratique a permis la rénovation et la construction de nombreux stades allemands, donnant d'autant plus de poids à cette candidature qui sera finalement retenue. Si bien qu'aujourd'hui plus de la moitié des stades allemands de Bundesliga 1 et 2 sont « nommés ». En Angleterre, le *naming* est né en 2005 avec le Ricoh Arena de Coventry (15 millions d'euros sur dix ans) et surtout, en 2006, avec l'inauguration du nouveau stade d'Arsenal portant pour une durée de quinze ans le nom de Fly Emirates, pour un montant total de 110 millions de livres (environ 140 millions d'euros). Fly Emirates devenait en même temps sponsor maillot de l'équipe (jusqu'en 2014). Arsenal et l'Emirates Stadium sont ainsi devenus les symboles d'un *naming* mondialisé. En France, le nouveau stade du Mans est la première enceinte sportive française à bénéficier d'une opération de *naming* avec le groupe Mutuelles du Mans-Assurances (MMA), choisi à la fin 2007 comme sponsor stade pour un montant d'un million d'euros par an pour une durée de dix ans. Voir à ce sujet : MAROUSEAU (G.), « Nommer un stade de football : analyse de la première opération de *naming rights* en France », 8 th International Marketing Trends Congress, Paris, 16 et 17 janvier 2009.

forcer leur notoriété[10]. La première véritable opération de sponsoring sportif remonterait à 1861, année au cours de laquelle l'entreprise britannique *Spiers & Pond*, propriétaire de plusieurs hôtels et restaurants dans le monde, finança le voyage en Australie de l'équipe britannique de cricket. Au cours du XXe siècle, cette technique est devenue un outil de promotion populaire et les montants investis n'ont cessé de croitre. Le sponsoring est actuellement l'une des principales sources de financement du sport. L'opération a la particularité de mettre en jeu deux mondes, celui des entreprises en quête de nouveaux moyens d'exposition, et celui du sport à la recherche de plus en plus de moyens financiers. C'est ce besoin d'argent qui fit dire à un auteur que *« dans le sport professionnel actuel, il est deux certitudes : sans fric on ne va nulle part, mais avec le fric, on ne va pas nécessairement quelque part »* [11]. Mais d'autres voient dans le sponsoring une plus-value pour le sport lorsqu'ils affirment que : *« sans aller jusqu'à croire que le sport ne serait rien sans le sponsoring, on peut au moins souligner qu'il serait différent »* [12].

Le sponsoring constitue une ressource essentielle de financement pour les acteurs du sport dans la mesure où l'exposition qu'ils assurent aux entreprises (mangeuses de renommée[13]) est rémunérée. Un athlète à titre individuel trouvera dans son contrat d'image la source la plus importante de ses revenus[14]. Un club trouvera dans son contrat d'équipementier une ressource matérielle et financière lui permettant d'être plus compétitif.

Dans la sphère sportive camerounaise, la loi de 2018 portant organisation et promotion des activités physiques et sportives au Cameroun

[10] CAVINET (G.), « Le contrat de parrainage publicitaire sportif », in Journal spécial des sociétés, N° 49, droit et football, 2018, p. 9.

[11] DION (J.), Quotidien québécois Le Devoir, 7 déc. 1999.

[12] Cf. MARMAYOU (J-M) et RIZZO (F.), *Contrats de sponsoring sportif*, Lamy, Paris, 2010, p. 9.

[13] Selon l'expression de MOUSSERON (J-M.), « Les contrats de transfert de renommée », *Cah. Dr. Entr.*, Fasc. 2, 1989, p. 24.

[14] Ainsi, entre juin 2015 et juin 2016, Cristiano Ronaldo à l'époque attaquant du Réal Madrid, gagnait un montant total de 88 millions de dollars américains dont 32 millions rien qu'avec ses contrats de sponsoring. Source : Forbes L'expansion, cité par Béatrice MATHIEU dans un article de L'Express du 8 juillet 2016 (www.lexpress.fr/actualite/sport/droits-tele-salaires-l-argent-fou-du-sport_1807740.html).

définit le sponsoring comme *« un ensemble de moyens à caractère financier, matériel ou technique, apportés par un partenaire annonceur en soutien à un évènement sportif, à une association sportive ou à un sportif, en échange de différentes formes de visibilité »*[15]. Le contrat de sponsoring organise cette opération. Il est défini dans le football comme un contrat de prestation publicitaire conclu entre un sponsor et un club de foot. De manière générale, le sponsoring se distingue du mécénat qui consiste elle aussi à apporter un soutien financier, matériel ou technique à un évènement sportif, à une association sportive ou à un sportif mais qui se caractérise en revanche, par l'absence de contrepartie directe et proportionnée en faveur du mécène[16]. Néanmoins, ils ont en commun le fait qu'elles soient deux techniques de communication[17]. Différencier le contrat de sponsoring et le contrat de publicité est une opération difficile. Aucun texte ne donne de définition qui permettrait d'établir une distinction nette. Tant le contrat de sponsoring que le contrat de publicité sont des contrats innommés et conclus à titre onéreux. Étant entendu que le sponsoring utilise le support publicitaire afin d'accroître la notoriété d'un produit, d'une marque, d'un nom, ils devront tous deux respecter tant la loi sur les pratiques du marché que les règles particulières propres à certains secteurs, produits ou services[18]. Seulement, dans un

[15] Article 10 de la loi n° 2018/014 du 11 juillet 2018 portant organisation et promotion des activités physiques et sportives au Cameroun (ci-après loi de 2018). Voir aussi BOURZAT (N.), « Sponsorisme », *in* DUDOGNON (Ch.) et KARAQUILLO (J-P.), *Dictionnaire juridique du sport*, Dalloz, 2013, p. 296 ; BUY (F.), MARMAYOU (J-M), PORACCHIA (D.) et RIZZO (F.), *Droit du sport*, 4e édition, LGDJ, 2015, p. 747 ; MARMAYOU (J-M), « Approche rédactionnelle des contrats de parrainage sportif », *in* Cah. Dr. Sport. n° 13, 2008, p. 31.

[16] BOURZAT (N.), *op.cit.*, p. 296 ; RAYET (A.), *Sponsoring et mécénat*, Bruxelles, Lacier, 2009, pp.18, 23 et 25 ; SIMONART, « L'entreprise et le mécénat », R.D.C., p.156 ; PIRLOT (C), « Mécénat et sponsoring : contours et enjeux », in Mécénat d'entreprise : un win-win pour tous ! Actes du colloque (Bruxelles, le 15 novembre 2007), Courtrai, UGA, 2008, p.16. Voir article 10 de la Loi n° 2018/014 du 11 juillet 2018 portant organisation et promotion des activités physiques et sportives au Cameroun, Cf. définition de Mécénat sportif.

[17] MARMAYOU (J-M) et RIZZO (F.), *op.cit.*, p. 11.

[18] MOUFFE (B.), *Le droit de la publicité*, Bruylant, 4e éd., Bruxelles, 2013, p. 14 cité par EGGERICKX (A.), Le sponsoring : analyse contractuelle d'une convention aux multiples facettes, Mémoire, Université catholique de Louvain, 2017, p. 22

contrat de publicité, l'une des parties n'a pas l'intention d'associer, dans l'esprit du public, son image au nom, à la marque, aux produits, aux activités de son cocontractant. En réalité, il sera difficile de déceler dans un contrat de publicité l'esprit de collaboration caractérisant l'opération de sponsoring[19] or dans le contrat de sponsoring, *« la collaboration entre les parties est plus intense et (que) les gains et pertes de l'opération sont partagés entre les contractants »*[20]. Le contrat de sponsoring peut prendre diverses formes. C'est la raison pour laquelle il est qualifié de *« contrat aux mille visages »*[21]. Il peut porter sur un évènement sportif, un athlète, une équipe et surtout un maillot. Le sponsoring maillot consiste à apposer un logo ou un message sur un espace contracté de l'équipement de l'athlète, pour la marque (annonceur), l'objectif est l'exposition, à l'échelle d'une arène ou à la mesure du rayon de diffusion des médias qui couvrent l'événement. Les entreprises souhaitent tirer profit de la très grande popularité du sport. Son pouvoir unificateur est en effet sans égal aujourd'hui et l'activité sportive présente, en outre l'intérêt d'être très relayée et très suivie dans le monde[22].

Mais qu'entend-on par club de football ? Selon l'article 10 de la loi de 2018, ce sont des clubs sportifs c'est-à-dire, *« une association, affiliée à une ligue et/ou à une fédération sportive, qui organise, exerce et promeut, à titre principal, des activités physiques et sportives »*. Les clubs sportifs sont classés en deux catégories : les clubs sportifs amateurs et les clubs sportifs professionnels[23]. Les premiers sont des associations sportives à but non lucratifs. Alors que les seconds sont des associations sportives aux activités en partie de nature commerciale. Dans le cadre de ce travail, les clubs de football sont considérés comme des clubs sportifs professionnels.

Au Cameroun, le sponsoring maillot n'est pas très développé. Sa présence est certes réelle mais les clubs ont

[19] EGGERICKX (A.), *op.cit.*, p. 22.

[20] COLLART-DUTILLEUL (F) et DELEBEQUE (P.), *Contrats civils et commerciaux*, Dalloz, 2007. Cité par MARMAYOU (J-M) et RIZZO (F.), *op. cit.*, p. 15.

[21] ; BUY (F.), MARMAYOU (J-M), PORACCHIA (D.) et RIZZO (F.), *op.cit.*, p. 742.

[22] CAVINET (G.), *op.cit.* p. 9.

[23] Cf. article 38 al. 3 de la loi de 2018.

parfois du mal à trouver des sponsors. Seuls quelques clubs du championnat *Elite one* ont réussi l'exploit de contracter avec un sponsor maillot. Il s'agit entre autres de Racing de Bafoussam qui a signé avec *Green Oil SARL*, Bamboutos de Mbouda avec *Premier Bet*, Canon de Yaoundé avec *Luxxor* et *BROLI* et plus récemment Eding Sport FC et *Neptune Holding Company SA* ont conclu un accord inédit le 15 décembre 2022. L'une des manifestations perceptibles sera la visibilité du logo de ces entreprises sur les maillots des clubs partenaires. Au demeurant, le football camerounais est encore et toujours à la recherche des financements privés afin de diversifier les sources de revenu des clubs et rendre plus attractif le championnat national. C'est l'une des missions que s'est donnée la FECAFOOT[24]. Malgré l'importance vitale d'un tel projet, le législateur encadre rigoureusement le sponsoring. Certes les clubs de football ont besoin de beaucoup de moyens financiers pour mener à bien leurs activités et être plus compétitifs mais, des considérations législatives, sociales et environnementales doivent guider leur engagement. Il reste donc à prendre la mesure de toutes ces considérations dans le cadre du sponsoring maillot en se posant la question de savoir : **qu'est ce qui caractérise le financement par le contrat de sponsoring maillot en droit camerounais ?**

En droit camerounais justement, le législateur fait montre d'un certain désintérêt vis-à-vis de l'opération de sponsoring sportif. En effet, le sponsoring y est envisagé de manière éparse[25]. Il n'y existe pas de réglementation d'ensemble. Pour conclure un contrat de sponsoring maillot, il revient aux parties d'exploiter certains textes à savoir : Le Code civil applicable au Cameroun ; la loi n° 2018/014 du 11 juillet 2018 portant organisation et promotion des activités physiques et sportives au Cameroun ; la loi cadre n° 2011/012 du 06 mai 2011 portant protection du consommateur au Cameroun ; la loi n° 2006/018 du 29 décembre 2006 régissant la publicité au Cameroun ; la loi n° 2000/011 du 19 décembre 2000 relative au droit d'auteur et aux droits voisins ; la loi n° 98/013 du 14 juillet 1998 relative à la concurrence ;

[24] Le Président de la FECAFOOT M. Samuel Eto'o s'est fixé pour objectif d'assainir et moderniser le football camerounais et d'attirer les investisseurs et sponsors.

[25] Ce problème n'est pas propre au droit camerounais.

les règlements généraux de la FECAFOOT 2021, le règlement élite one pour la saison 2022 etc. La présente réflexion se donne pour mission de ressortir le régime juridique en la matière afin de facilité la tâche aux clubs et aux entreprises qui s'intéresseraient au sponsoring maillot. L'analyse d'une telle étude pourrait aider les clubs de football à mieux construire leur contrat de sponsoring. Entre le souci des sponsors d'optimiser l'impact médiatique de l'opération et désir des parrainés d'en tirer le maximum de moyens, l'entente est certes naturelle mais reste fragile[26]. Il se peut alors qu'à travers les éléments légaux et les contributions doctrinales ainsi que les études casuistiques, le financement par le contrat de sponsoring maillot est caractérisé par son encadrement juridique. En guise d'illustration de l'hypothèse retenue, on peut aisément soutenir que le financement des clubs de football du championnat camerounais par le contrat de sponsoring maillot est à la fois formalisé (I) et limité (II).

I. Un financement par le contrat de sponsoring formalisé en droit camerounais

Le droit camerounais, dans l'optique d'encourager la diversification des sources de financement du football local, autorise les entreprises privées à soutenir financièrement les clubs de football à travers le contrat de sponsoring maillot. On peut aisément le vérifier en examinant la consécration de cette forme de financement (A) ainsi que son opérationnalisation (B).

A. À travers sa consécration

Au Cameroun, les clubs sportifs sont avant tout des associations. Par conséquent le financement de leurs activités obéit à la loi relative à la liberté d'association de 1990 ainsi qu'à celle qui la complète de 1999. En effet, cette loi, en permettant à un texte spécifique d'encadrer le financement des associations sportives consacre de manière implicite (1) le financement privé. L'évocation du sponsoring dans la loi de 2018 et les règlements généraux de la FECA-

[26] MARMAYOU (J-M) et RIZZO (F.), *op.cit.*, p. 9.

[27] Il n'est pas superflu de rappeler que le Cameroun connaît une panoplie d'association depuis son accession à l'indépendance en 1960. En effet, avec le vent de démocratisation, de libéralisme politique et de restauration du multipartisme qui a pris d'assaut l'ensemble des pays africains au début de l'année 1990, le nombre d'association a considérablement augmenté sous l'impulsion des lois du 19 décembre 1990.

FOOT ouvre la voie à une consécration plus claire (2).

1. La consécration implicite

Pour comprendre la consécration implicite du financement des clubs sportifs, il faudrait mener une analyse à partir de l'évolution législative des associations[27]. Cette évolution rejoint la dynamique ancienne des associations sportives dans notre pays[28]. Comme le souligne la doctrine, *« le Cameroun après avoir acquis son indépendance a aussitôt adhéré aux organisations sportives internationales à l'instar de la FIFA et du CIO et a organisé juridiquement les sports dont la pratique est autorisée sur l'ensemble du territoire »*[29]. Cette posture du jeune État fraîchement indépendant démontre *« la prise en compte du sport comme élément important de l'unité nationale et du rayonnement international »*[30]. C'est donc en considération de cette évolution législative de 1990 liée à la liberté d'association et ayant eu un impact significatif sur la structure des associations sportives que nous analysons la consécration implicite du financement privé.

L'étude du cadre législatif camerounais applicable aux associations permettrait de mieux cerner le caractère implicite de la consécration du financement privé. En effet, une analyse combinée de la loi relative à la liberté d'association de 1990 et la loi n° 99/011 du 20 juillet 1999 modifiant et complétant la loi n° 90/053 du 19 décembre 1990 relative à la liberté d'association, permet de déceler le principe du non-financement de tout type d'association à l'exception de celle reconnue d'utilité publique. L'article 11 de la loi de 1990 dispose à cet effet que : *« hors mis les associations reconnues d'utilités publique, aucune association déclarée ne peut recevoir ni subventions des personnes publiques, ni dons ni legs des personnes privées »*. Mais avec la modification de 1999, l'association sportive fait partie des typologies d'association dont l'accès aux financements est encadré par un texte spécifique. C'est ce qui résulte de l'article 5 alinéa 4 nouveau de la loi n° 99/011 du 20 juillet 1999 (modifiant et complétant la loi n° 90/53 suscitée) qui prévoit que : *« Les parties politiques,*

[28] PEKASSA NDAM (G.M.), op.cit., p. 179.

[29] Idem.

[30] Idem

les syndicats, les associations sportives et organisations non gouvernementales sont régis par des textes particuliers ». En ce qui concerne les associations sportives, ces textes prévoient le financement privé des clubs de football par le sponsoring : c'est le cas notamment de la loi n° 2018/014 du 11 juillet 2018 portant organisation et promotion des activités physiques et sportives. Que dire de la consécration explicite ?

2. La consécration explicite

Les clubs de football camerounais ont la possibilité de financer leurs activités par le sponsoring maillots avec les entreprises (l'annonceur) de leur choix. Cette assertion est soutenue par le dispositif légal sportif camerounais. Il s'agit de deux principaux textes : la loi n° 2018/014 du 11 juillet 2018 portant organisation et promotion des activités physiques et sportives et les règlements généraux de la FECAFOOT adoptés par l'assemblée Générale Extraordinaire de la FECAFOOT du 07 août 2021. Ainsi, l'article 74 al.a de la loi de 2018 dispose que : *« Sans préjudice des appuis financiers prévus aux art. 67, 68 et 73 ci-dessus, le CNOSC, le CNPC, les fédérations sportives nationales et les clubs sportifs peuvent bénéficier, suivant la nature de la compétition des ressources provenant de : la commercialisation des publicités apposées sur les tenues vestimentaires des athlètes ».* Comme on peut le constater, cette disposition consacre expressément le financement des clubs de football par le sponsoring sur les maillots. Elle est utilement complétée par un autre texte notamment l'art. 107 al.4 des règlements généraux de la FECAFOOT qui énonce que : *« Si la Fédération a contracté avec une firme industrielle ou commerciale, les clubs ayant accepté par écrit la contrepartie proposée par cette firme sont tenus de faire porter à leurs joueurs les maillots et éventuellement les survêtements et les culottes fournis par la Fédération et/ou frappés du label de ladite firme dans les conditions prévues par le contrat ».* Ces deux textes fixent le cape en matière de sponsoring maillot, son opérationnalisation est laissée à la liberté contractuelle des parties.

B. À travers son opérationnalisation

Le sponsoring d'un club professionnel de football est une opération complexe. Ce type de contrat comporte un élément spécifique dans la mesure où la société qui apporte son soutien au club reçoit en contrepartie une prestation d'affichage exécutée par les joueurs de l'équipe à qui il sera demandé de porter des équipements siglés au nom du sponsor. La conclusion du contrat de sponsoring sur les maillots (1), est souvent le résultat d'un long processus qu'on qualifie de période de pourparlers. Le principe de liberté qui gouverne cette phase n'est pas sans limite[31]. En effet, si dans le principe l'une quelconque des parties peut se dégager en rompant les pourparlers sans aucune conséquence juridique, elle ne peut laisser croire à l'autre une conclusion du contrat et par la suite mettre fin brutalement aux négociations[32]. Dans une telle situation, l'auteur de la rupture peut être condamné à indemniser la partie délaissée à hauteur des pertes subies par elle[33]. Les parties qui décident de poursuivent la négociation, devront adopter un comportement loyal et transparent. Les pourparlers peuvent aboutir au contrat définitif, mais ils peuvent aussi conduire à la conclusion des contrats intermédiaires : les précontrats. Ces précontrats sont souvent indispensables pour mener des négociations les plus complexes. Malgré le principe du consensualisme consacré en droit camerounais, il serait prudent pour les parties au contrat de sponsoring sur les maillots de le formaliser par écrit. Cet écrit doit contenir les obligations des parties (2) qui prennent en compte leurs exigences.

1. La conclusion du contrat de sponsoring

La conclusion du contrat de sponsoring maillot obéit aux règles de droit commun de naissance et de cessation du contrat. Étant un contrat spécial aux enjeux de plus en plus colossaux, certains droits peuvent être concédés au sponsor.

Les règles générales de formation et d'extinction des conventions sont applicables au contrat de sponsoring, comme à toute autre convention. Le sponsoring ne sera conclu qu'après accord sur les éléments essentiels, et

[31] MARMAYOU (J-M), «Approche rédactionnelle des contrats de parrainage sportif», *Cah. Dr. Sport.* n° 13, 2008, p. 31.

[32] Cass. Com., 25 févr. 2003, n° 00-11. 440, RTD civ. 2003, p. 284, obs. J. Mestre et B. Fages, confirmant CA Paris, 5 nov. 1999, RTD civ. 2000, p. 2000, p. 104, obs. J. Mestres et B. Farges.

[33] Frais de négociation, atteinte à l'image etc. Voir Cass. Com., 26 nov. 2003, n° 00-10.243 et 00-10, 949, RTD civ. 2004, p. 80, obs. J. Mestre et B. Fages).

sous réserve que l'on ne puisse constater la défaillance d'une condition à laquelle son existence aurait été suspendue[34]. En s'appuyant sur l'article 1780 du Code civil, qui pose le prin- cipe de prohibition des engagements perpétuels[35], on peut aisément dire que le contrat de sponsoring n'a pas vocation à s'éterniser, il est conclu pour une durée déterminée, de sorte qu'il prend fin à l'arrivée du terme. Compte tenu de l'incertitude relative d'une part à l'ampleur des retombées publicitaires effectives et d'autre part aux performances réalisées *in fine* par le sponsorisé, les contrats de sponsoring seront la plupart du temps des conventions de courte durée, renouvelées le cas échéant par les parties[36]. La jurisprudence admet aussi souvent une faculté de résiliation unilatérale même si le contrat de sponsoring est conclu pour une durée déterminée. C'est le cas lorsque le sponsor adopte un comportement particulièrement grave[37]. C'est ce qui ressort de *l'affaire S.P. c/ Sarl Nakkila BGB France*. Ce comportement grave résidait dans le manquement réitéré[38] du sponsor à l'exécution de ses obligations. Si cette rupture uni- latérale était justifiée en l'espèce, il n'en demeure pas moins que la réso- lution judiciaire reste évidemment le mode habituel de rupture en cas d'in- exécution[39]. Il reste à s'interroger sur

[34] CA Paris, 18 octobre 1991, RJDA, n° 9.

[35] Cf. GHESTIN (J.), « Existe-t-il en droit français un principe général de prohibition des contrats perpétuels? », *in* Mélanges D. Tallon, 1999, p. 251 ; RIZZO (F.), «Regards sur la prohibition des engagements perpétuels», Droit & patrimoine, n° 78, janvier 2000, p. 60.

[36] FIÉVET (G.), «La convention de sponsoring et l'indivisibilité entre contrats», *R.G.D.C.*, 2015, p. 312.

[37] MARMAYOU (J-M), «Contrat d'équipementier : exemple d'un comportement grave justifiant une rupture unilatérale», note sous CA Aix en Provence 1e Ch. B, 24 Juin 2004 n° 496, rôle : 02/12 519, S.P. c/ Sarl Nakkila BGB France, in *Les cahiers de droit du sport*, n° 1, Presses Univer- sitaires d'Aix-Marseille, 2005, pp. 184-191.

[38] La violation d'une obligation ne suffit donc pas à caractériser le comportement grave : il faudrait que la violation soit répétée et que finalement l'inexécution soit telle qu'elle autorise le créancier à ne plus rien espérer du contrat.

[39] CA Paris, 24 janv. 1991, Contrats, conc., consom. 1991, n° 77, note L. LEVENEUR. Cité par BUY (F.), MARMAYOU (J-M), PORACCHIA (D.) et RIZZO (F.), *op.cit.*, p. 744. Voir article 1184 du Code civil « La condition résolutoire est toujours sous-entendue dans les contrats synallagmatiques, pour le cas où l›une des deux parties ne satisfera point à son engagement. *Dans ce cas, le contrat n'est point résolu de plein droit. La partie envers laquelle l'engagement n'a point été exécuté, a le choix ou de forcer l'autre à l'exécution de la convention lorsqu'elle est*

le point de savoir si l'imprévision[40] peut permettre à l'une des parties de rompre le contrat en cours d'exécution. En principe non. Un footballeur ne pourrait pas, par exemple, prendre prétexte de son transfert vers un club étranger pour justifier la rupture de son contrat de parrainage ; un club de football ne pourrait pas prendre pour prétexte le changement de l'équipe dirigeante pour justifier la rupture de son contrat de sponsoring.

Les droits concédés au sponsor est le cœur du contrat de sponsoring. Définis de manière générale dans l'objet du contrat, ils doivent faire l'objet d'une description minutieuse dans une clause spécifique. Cette clause contient la nature des droits concédés, l'espace qu'occupera la marque du sponsor sur le maillot, les conditions et la durée de leur exploitation. La question de l'exclusivité des droits concédés est d'une importance capitale. Le sponsor souhaite généralement bénéficier d'une exclusivité dans son secteur d'activité, voire d'un rang de priorité s'il existe d'autres sponsors. Mais les parties peuvent toujours préférer une solution intermédiaire consistant à réserver au parrain le pouvoir de donner son agrément à la participation d'autres sponsors[41]. C'est pourquoi certains clubs arborent plusieurs noms sur leurs maillots ou possèdent un sponsor pour les matchs à domicile et un autre pour les matchs à l'extérieur. Si l'exclusivité prend généralement fin au terme du contrat, le sponsor souhaite parfois que celle-ci perdure pendant un certain temps après la fin du contrat. Une telle clause doit être discutée et clairement limitée dans le temps en ce qu'elle porte atteinte à la liberté

---

possible ou d'en demander la résolution avec dommages et intérêts.

La résolution doit être demandée en justice, et il peut être accordé au défendeur un délai selon les circonstances. »

Voir également Arrêt n° 47 du 18 juin 1968. Bul. des arrêts de la CS du Cameroun Oriental, n° 18, p.2186

[40] La théorie de l'imprévision en droit des contrats est celle en vertu de laquelle le juge doit rétablir l'équilibre du contrat à la demande d'une partie lorsque par suite d'un évènement extérieur, étranger à la volonté des contractants et imprévisibles lors de la conclusion, l'exécution de celui-ci devient pour l'un des contractants non pas impossible, mais tellement onéreuse qu'elle risque de le ruiner.

[41] MARMAYOU (J-M), « Approche rédactionnelle des contrats de parrainage sportif », *op.cit.*, p. 36.

de contracter de l'autre partie. Afin d'éviter tout désagrément pendant l'exécution du contrat, les parties doivent bien définir leurs obligations respectifs.

2. Les obligations des parties au contrat de sponsoring

L'opération de parrainage sur les maillots est une opération équilibrée où les deux parties promettent et exécutent des prestations qu'elles estiment équivalent. Sur le plan de la théorie des droits des obligations, c'est un contrat synallagmatique dans lequel les obligations du parrain répondent aux obligations du parrainé. Les obligations qui seront abordées sont loin d'être exhaustives. Le jeu de la liberté contractuelle permet aux parties d'en prévoir selon ce qu'il recherche. Au demeurant, il est souvent conseillé aux parties de débuter la construction par la présentation des obligations du parrainé (a) car c'est ce dernier qui réalise la prestation caractéristique de l'opération. La rédaction s'achèvera évidemment par la présentation des obligations du parrain (b).

a. Les obligations du parrainé

En contrepartie du soutient qu'il obtient du parrain, il pèse sur le parrainé plusieurs catégories de prestations. La première et d'ailleurs la plus importante, porte sur les obligations publicitaires. Elles s'identifient par la devise du bon parrainé formulée ainsi : *« Afficher et valoriser le nom du sponsor ou sa marque »*[42]. L'obligation d'affichage du nom ou de la marque du parrain constitue le cœur du contrat de sponsoring sur les maillots[43]. Il s'agit d'une part d'une obligation d'affichage au sens stricte, correspondant à une obligation de résultat et d'autre part d'une obligation de maintenir le support en bon état de lisibilité, correspondant à une obligation de moyens. Les modalités de l'affichage

[42] BUY (F.), MARMAYOU (J-M), PORACCHIA (D.) et RIZZO (F.), *op.cit.*, p. 745.

[43] BUY (F.), « Contrat de sponsoring », Encyclopédie droit du sport, www.droitdusport.com, n° 360-185. Voir également CA Paris, 1re ch., sect. B, 24 janv. 1991, P. Belmondo c/ Transam, Juris-data n° 1991-022307, Contrats, conc., consom. 1991, comm. 77, note Leveneur L. En l'espèce, un coureur automobile qui n'avait pas respecté l'obligation de porter sur sa combinaison de course et sur le camion transportant sa voiture les marques du sponsor a été condamné à restituer les sommes déjà perçues, au motif que « la résolution du contrat atteignait l'ensemble de la convention qui était indivisible ».

doivent être fixées par le contrat : support à utiliser (maillot de match officiel, maillot d'entrainement etc.), visibilité, conditions dans lesquelles la reproduction du sigle du parrain sera effectuée (charte graphique). Le contrat peut aussi décider que l'affichage se fasse par une utilisation des matériels fabriqués et fournis par le parrain. En plus de l'obligation d'affichage, le parrainé est tenu de valoriser l'image du sponsor. Il peut donc être contraint de participer à des opérations de relations publiques (cocktails, conférence de presse…)[44]. Il doit *« adopter en permanence un comportement positif »* envers le sponsor[45].

À côté de l'obligation d'affichage, figure en bonne place les opérations de promotion. Il est difficile de penser que le parrain se limitera à l'affichage de sa marque sur le maillot du club, il réclamera certainement du parrainé de promouvoir sa marque par le biais d'opération publiques. Le parrainé s'engagera ainsi, par exemple, à participer à des conférences de presse ou à des cocktails. Il devra dans chacune de ses déclarations destinées aux médias faire mention du nom ou de la marque du parrain.

Outre les obligations de nature publicitaire, le contrat de sponsoring maillot met généralement à la charge du parrainé des obligations d'ordre sportif. Celles-ci peuvent être de deux ordres : l'obligation de participation et l'obligation de performance. Le club de football s'engagera à participer à un certain nombre d'évènements sportifs qui doivent être définis dans le contrat. Selon la doctrine, les parties doivent effectuer des vérifications préalables pour éviter d'y comprendre des épreuves auxquelles le parrainé ne sera pas en mesure de participer[46]. Les parties doivent aussi prévoir l'attitude à tenir en cas de refus de participation, d'exclusion de la compétition, match à huis-clos, annulation de compétition (comme c'était le cas pendant la période de covid-19) etc. S'agissant de l'obligation de performance, il faut préciser que l'aléa sportif, élément essentiel de l'ordre public sportif ne pourrait en effet être supprimé, comme le

[44] BUY (F.), MARMAYOU (J-M), PORACCHIA (D.) et RIZZO (F.), *op.cit.*, p. 746.

[45] Cass. 1re civ., 20 mai 2003, n° 00-15911.

[46] MARMAYOU (J-M), « Approche rédactionnelle des contrats de parrainage sportif », *op.cit.*, p. 36, n° 20.

rappel la jurisprudence[47]. Toutefois, la rémunération du club parrainé peut dépendre des résultats sportifs obtenus ce qui oblige le parrainé à la réalisation d'une performance. De même, quel sponsor financerait un club qui ne met pas toute les chances de son côté pour réussir la meilleure performance possible ?

Enfin, il peut être mis à la charge du parrainé, une obligation de comportement. En effet, le sponsor peut orienter le comportement du parrainé. Plus concrètement, il pourra établir la liste des comportements négatifs interdits et celle des comportements positifs attendus du sportif. Seront ainsi visés des comportements comme l'abandon, le dopage, l'indiscipline, les problèmes de violence sur le terrain ou dans la vie quotidienne.

b. les obligations du parrain

En contrepartie des obligations d'affichage, de promotion, de participation et de comportement promises par le parrainé, il pèse sur le parrain une obligation de paiement et de comportement. Le sponsor est pour l'essentiel tenu de rémunéré le parrainé. C'est en fait cette rémunération que le club recherche lorsqu'il contracte avec un sponsor. Le paiement peut être en numéraire ou en nature. Le paiement en numéraire pourra se réaliser de manière forfaitaire ou variable. Le paiement est dit forfaitaire lorsque la rémunération est fixée par avance et de manière définitive, peu importe les modalités de son versement. Dans ce cadre, si le parrain veut éviter les risques d'inexécution de la part du parrainé, il doit chercher à échelonner ses paiements. De son côté, le parrainé cherche très souvent à obtenir son paiement en une seule fois et au début du contrat, dans l'optique de se prémunir contre des éventuelles difficultés économiques du parrain après la signature du contrat[48]. Dans le contrat de parrainage, le forfait s'accompagne très souvent de primes. Dans cette hypothèse, les parties doivent être plus précises que jamais en prévoyant les évènements qui conditionnent l'existence de ces primes. Dans le cas où ce sont des résultats sportifs, les parties prendront

[47] Voir TI Lille, 11 avr. 1977, in L'activité sportive dans les balances de la justice, ALAPHIPPE (F.), et KARAQUILLO (J-P.), Tome 1, Dalloz 1985, p. 126.

[48] MARMAYOU (J-M), « Approche rédactionnelle des contrats de parrainage sportif », *op.cit.*, p. 39.

le soin de définir contractuellement la notion de résultat sportif[49]. À cet égard, il faudra prévoir les résultats obtenus sur le terrain et aussi ceux arrêtés *« sur tapis vert »* [50]. Il faudra aussi prévoir le cas d'une disqualification ultérieure du parrainé mais aussi de ses adversaires[51].

Le parrain peut apporter son soutien en nature plutôt qu'en numéraire, du moment que les prestations servent à un titre ou un autre au parrainé. Tout comme dans le paiement en numéraire, les parties devront être le plus claire possible en prévoyant un fixe et un variable.

S'agissant des obligations de comportement du parrain, son image doit être irréprochable. C'est pourquoi, le parrainé peut et doit contrôler que l'association de son image avec celle du parrain lui sera bénéfique dans la durée[52]. On peut donc comprendre pourquoi à la suite de l'invasion de la Russie en Ukraine, le géant du gaz Russe *« Gazprom »* a perdu plusieurs contrats de sponsoring dans le monde du football. L'exemple le plus éloquent est le contrat de sponsoring avec club Schalke 04. En effet, ce dernier après avoir effacé le nom du géant russe du gaz de ses maillots, le club allemand avait rompu le contrat

[49] Cf. MARMAYOU (J-M) et RIZZO (F.), *op.cit.*, p. 165.

[50] RIZZO (F.), « La qualification en coupe d'Europe vaut bien une… prime », note sous Cass. Soc., 9 avril 2008, n° 06-43067, *in* Les cahiers de droit du sport, n° 12, Presses Universitaires d'Aix-Marseille, 2008, p. 39. Dans l'affaire commentée, il ressortait que parmi les stipulations contractuelles signées entre le joueur et le club de Lens, figurait une clause ainsi rédigée : « Si au terme de la saison 2002-2003, le RC Lens se qualifie pour la Coupe UEFA, le Club versera au joueur Tony X…, à la date du 30 juin 2003, une prime d'un montant brut de 60 979 Euros » (sans toute autre précision). Mais il se trouve que la qualification du club pour cette saison n'avait pas été obtenue en fonction des résultats sportifs, mais a été accordée par l'UEFA et la ligue française de football au terme d'une procédure comportant un tirage au sort et prenant en compte des aspects autres que le résultat sportif ; le FC Lens n'a pas considéré avoir dès lors à verser la prime ; le joueur, estimant que la condition d'octroi avait été remplie, a saisi la juridiction prud'homale. Devant les juges de fond, le club a débouté de ses prétentions et la chambre sociale de la cour de cassation a rejeté son pourvoi. La haute juridiction estime que la qualification du club en coupe d'Europe ayant été obtenue, la condition suspensive a été réalisée. Dans cette affaire, si le club avait été précis dans le contrat en distinguant les résultats obtenus sur le terrain et ceux arrêtés « sur tapis vert », et aussi en spécifiant les modes d'accès à la coupe de l'UEFA, elle n'aurait pas été face à cette déconvenue.

[51] Cf. MARMAYOU (J-M) et RIZZO (F.), *op.cit.*, p. 165.

[52] MARMAYOU (J-M), « Approche rédactionnelle des contrats de parrainage sportif », *op.cit.*, p. 41.

de sponsoring avant son échéance. Le partenariat liant le club et l'entreprise russe, dont l'actionnaire majoritaire est l'État russe courait jusqu'en 2025. Il devait rapporter 9 millions d'euros par an à Schalcke. Le contrat prévoyait une augmentation de la dotation à hauteur de 15 millions par saison en cas de remontée en Bundesliga[53]. En l'espèce, le club Allemand estimait qu'il ne pouvait pas associer son image avec l'instrument de financement de l'invasion de la Russie en Ukraine. Il avait été suivi dans la foulée par l'UEFA[54] et la FIFA. Ceci montre bien que le financement par le sponsoring sur les maillots, même s'il est d'un apport considérable pour les clubs de football, il doit être bien encadré afin d'être conforme aux règles du droit camerounais en la matière.

II. Un financement par le contrat de sponsoring limité en droit camerounais

Bien que ce soit la liberté contractuelle qui guide la construction du contrat de sponsoring maillot, les parties doivent néanmoins respecter certaines limitations relatives aux règles d'ordre public découlant de l'environnement juridique dans lequel il s'insère. Il s'agit entre autres des règles sportives (A) et des règles de publicité (B).

A. La limitation par les règles sportives

Les règles sportives sont constituées par l'ensemble des règles, de diverses natures, qui régissent l'organisation et la pratique des activités sportives[55]. Les règles sportives sont très nombreuses. Outre les règles qui régissent la pratique sportive *strito sensu*, d'autres viennent encadrer spécifiquement certaines activités sportives à l'instar du financement des clubs sportifs par le sponsoring des maillots. Ainsi, tout sponsor intervenant dans le milieu sportif est lié par les règles relatives au monopole des fédérations sportives (1). De même, le sponsoring peut parfois

[53] Cf. Libre Eco « Gazprom perd plusieurs contrats de sponsoring dans le monde du football » in https://www.lalibre.be/economie/entreprises-startup/2022/02/28/un-club-de-football-allemand-rompt-son-partenariat-avec-gazprom-son-sponsor-principal-JMEY2BAJABHQBKV5B-SLP37YDH4/ Publié le 28 février 2022 à 12h36, consulté le 11 janvier 2023 à 13h51.

[54] La société Gazprom sponsorisait aussi la Ligue des champions depuis 2012, l'UEFA empochait 40 millions d'euros chaque année suite à ce contrat.

[55] DUDOGNON (Ch.) et KARAQUILLO (J-P.), *op.cit.*, p. 272.

être à l'origine d'un conflit entre la FECAFOOT et les clubs sportifs, ces derniers se heurtant aux contrats d'exclusivité de la fédération (2).

1. Le monopole des fédérations sportives

Le monopole des fédérations sur leurs disciplines sportives est l'une des spécificités de la matière sportive les plus remarquables. L'exclusivité qu'il confère assure à la règle sportive l'autorité nécessaire à son application dans le domaine correspondant au monopole. Il est la source première du pouvoir normatif des fédérations[56]. Au Cameroun, le monopole fédéral résulte de l'article 51 alinéa 1 de la loi n° 2018/014 du 11 juillet 2018 portant organisation et promotion des activités physiques et sportives au Cameroun[57], lequel énonce que *« Dans chaque discipline sportive, une seule fédération reçoit délégation de pouvoirs du Ministre chargé des sports pour organiser, dans le respect des lois et règlement en vigueur des compétitions ou manifestation sportives à l'issue desquelles sont délivrés les titres à l'échelle de toutes les unités administratives, et procéder aux sélections correspondantes »*. Ce qui est délégué dans cette disposition, c'est bien le pouvoir d'organiser les compétitions de la discipline et ceci, à titre exclusif, puisque le bénéfice de la délégation est réservé à une seule fédération par discipline sportive. Le monopole permet à chaque fédération sportive de sanctionner disciplinairement toute association participant à une manifestation sportive sans avoir reçu l'autorisation de la fédération dont il est membre[58]. C'est grâce à ce monopole que *« Les fédérations sportives nationales exercent leur autorité sur les licenciés, les clubs et les ligues qui leur sont affiliés, ainsi que sur tout autre structure qu'elles créent »*[59].

[56] SIMON (G.), « Pouvoir normatif des fédérations sportives », Etudes thématiques, 2009, n° 126-40.

[57] Avant cette loi, l'article 17 alinéa 1 plantait déjà le décor en précisant que : « Dans chaque discipline du sport civil, une seule fédération est habileté à organiser dans le respect des règlement internationaux, les compétitions ou manifestations sportives à l'issue desquelles sont délivrés les titres à l'échelle de toutes les unités administratives et procéder aux sélections correspondantes. Chaque fédération est tenue d'informer le Ministre chargé des sports des modalités d'organisations desdits compétitions ou manifestations sportives ».

[58] Voir Article 51 alinéa 5 de la loi de 2018.

[59] Voir Article 44 alinéa 5 de la loi de 2018.

Le monopole conféré aux fédérations par délégation ministérielle trouve sa justification dans l'idée de service public. L'objet du monopole est l'organisation des compétitions. Le service public dont il est question est donc l'organisation des compétitions[60]. Le monopole permet aux fédérations qui en bénéficient d'assurer leur suprématie sur leur discipline.

Le monopole des fédérations sportives a donc une incidence sur le parrainage des clubs sportifs. En effet, de manière générale, tout sponsor intervenant dans la sphère sportive est lié par les règles relatives au monopole des fédérations sur les délivrances des titres et l'organisation des manifestations sportives, ou encore par celles qui interdisent à tout groupement ne bénéficiant pas de la délégation d'utiliser les appellations attachées aux fédérations sportives[61]. Par ailleurs, tout sponsor doit respecter les normes publicitaires ou autres édictées par les fédérations sportives, ces règles s'imposent aux parties. Chaque fédération peut définir le nombre et la taille des mentions publicitaires pouvant figurer sur la tenue des sportifs ou sur les équipements utilisés par les athlètes. Même si la violation de ces règlements commerciaux n'a aucune répercussion sur la validité du contrat[62], des sanctions disciplinaires à l'encontre du sportif peut être envisagées, il n'est pas superflu, que le contrat prévoie, qui des parties supportera les conséquences économiques de ce risque[63].

2. Les contrats d'exclusivité des fédérations en matière de sponsoring

Le sponsoring est parfois à l'origine de conflits entre d'une part les fédérations et leurs sportifs et d'autre part les fédérations et les clubs. Ces deux acteurs du football (sportif et club) signent très souvent des contrats de partenariats se heurtant aux contrats d'exclusivité des fédérations avec leurs propres sponsors.

---

[60] SIMON (G.), *op.cit.*, n° 126-59.

[61] DUDOGNON (Ch.) et KARAQUILLO (J-P.), *op.cit.*, p. 272. Ces appellations peuvent être les suivantes : « Fédérations camerounaise de… », « Fédération nationale de », « Equipe du Cameroun de », « Champion du Cameroun ».

[62] Voir CA Paris, 28 févr, 1980, D. 1982, som., p. 92, obs. ALAPHILIPPE (F.) et KARAQUILLO (J-P.).

[63] MARMAYOU (J-M), « Approche rédactionnelle des contrats de parrainage sportif », op.cit., p. 35-36.

Les conflits qui naissent entre les sportifs et leurs fédérations peuvent porter sur la gestion de leurs images : le droit du sportif sur son image et le droit de la fédération sur l'image collectif. Il arrive que certains sportifs ne veuillent pas associer leur image au sponsor de la fédération pour des raisons personnelles. L'exemple le plus récent nous vient du conflit sur les droits à l'image opposant la Fédération française de football et la super star Kylian MBAPPE. Ce dernier revendiquait un droit de regard plus important sur l'utilisation de son image, et ne voulait pas qu'elle soit associée à certaines marques qui ne correspondent pas aux valeurs qu'il souhaite véhiculer[64]. Pour mettre fin au conflit, un compromis a été trouvé entre les deux parties avant le début de la coupe du monde de football. Par ailleurs, un conflit peut également naître de l'incompatibilité existante entre les engagements pris par la fédération envers un sponsor et ceux pris par un sportif licencié à l'égard d'un autre sponsor. Dans une telle situation, même si la fédération a toujours la primauté sur ses licenciés au regard du monopole, la solution du dialogue nous semble la mieux indiquer pour tenter de satisfaire les deux parties.

En ce qui concerne les conflits entre les clubs et les fédérations, en droit camerounais, l'exemple le plus palpable découle de l'article 107 al. 4 des règlements généraux de la FECAFOOT qui dispose que *: « Si la Fédération a contracté avec une firme industrielle ou commerciale, les clubs ayant accepté par écrit la contrepartie proposée par cette firme sont tenus de faire porter à leurs joueurs les maillots et éventuellement les survêtements et les culottes fournis par la Fédération et/ou frappés du label de ladite firme dans les conditions prévues par le contrat ».* La violation de cet engagement écrit est sévèrement sanctionnée par l'article 107 al.5 du même texte qui prévoit que : *« Le non-respect des prescriptions de l'alinéa 4 ci-dessus est passible de la sanction d'exclusion de toutes compétitions organisées par la FECAFOOT et ses*

64 Cf. RMC SPORT et BFM, « Tout comprendre- Le conflit entre Kylian MBAPPE et la FFF sur les sponsors et les droits à l'image », https://rmcsport.bfmtv.com/football/equipe-de-france/tout-comprendre-le-conflit-entre-kylian-mbappe-et-la-fff-sur-les-sponsors-en-equipe-de-france_AV-202209190471.html publié en ligne le 19/09/2022 à 17:13, consulté en ligne le 17/01/2023 à 12h30.

Ligues pour une durée de deux (02) ans au maximum ».

L'article 107 al. 4 des Règlements généraux de la FECAFOOT a le mérite de lever toute doute quant à un monopole absolu de la FECAFOOT sur les questions liées au sponsoring. En effet, à un certain moment, cette disposition a laissé penser que l'autonomie des clubs de football en matière de sponsoring maillot était compromise en raison d'un monopole absolu de la FECAFOOT en la matière et qui empêchait les clubs de football camerounais à contracter avec un autre annonceur. Il n'en est rien ! La faculté des clubs à signer leurs propres contrats de sponsoring maillot avec l'entreprise de leur choix et dans les conditions qu'ils auraient fixées, est soumise à une condition : qu'ils n'aient pas donnés leur consentement par écrit pour bénéficier des financements du sponsor de la FECAFOOT. Dans le cas contraire, ils devront en principe perdre toute possibilité de passer un contrat de parrainage avec une entreprise concurrente à l'entreprise sponsor de la fédération selon les termes définis par le contrat collectif. Par conséquent, le club qui souhaite garder son autonomie dans la conclusion des contrats de sponsoring maillot, devra refuser tout engagement écrit avec le sponsor de la FECAFOOT.

L'importance des règles d'origine sportive ne doivent pas faire oublier les règles de droit commun de la publicité qui, à leur manière, encadrent le sponsoring maillot.

B. La limitation par les règles de publicité

Le sponsoring étant susceptible de correspondre au minimum à la qualification d'action publicitaire, les parties doivent se montrer prudentes face à l'application des nombreuses contraintes normatives applicables en matière de publicité. Elles doivent prendre en compte les règles interdisant la publicité erronée, mensongère ou abusive[65], celles régissant la publicité concernant les médicaments et les établissements pharmaceutiques[66]. Elles doivent surtout tenir compte des interdictions liées à la santé publique (1) et celles liées au droit d'auteur et de la concurrence (2).

[65] Voir article 8 al. 1 de la loi cadre n° 2011/012 du 06 mai 2011 portant protection du consommateur au Cameroun.

[66] Voir article 19 de la loi n° 90/035 du 10 août 1990 sur l'exercice de la profession de pharmacien.

1. Les interdictions dans le domaine de la santé publique

L'interdiction de toute forme de publicité relative au tabac est posée par la loi n° 2006/018 du 29 décembre 2006 régissant la publicité au Cameroun et s'inscrit dans la politique de lutte contre le tabagisme initié par le gouvernement.

L'article 39 de la loi n° 2006/018 du 29 décembre 2006 régissant la publicité au Cameroun dispose à cet effet que : *« (1) Les publicités en faveur des cigarettes et autres produits du tabac sont interdites dans la presse écrite, par voie de radiodiffusion sonore, de radiodiffusion télévisuelle, d'affichage publicitaire et de cinéma ou de toute autre structure assimilable. (2) L'interdiction visée à l'alinéa 1 ci-dessus s'applique également à toute forme de parrainage ou de mécénat mettant en évidence les cigarettes et autres produits de tabac, ainsi qu'à la publicité transfrontalière impulsée à partir du territoire camerounais ».* Cette disposition interdit toute forme de publicité en faveur du tabac, des produits du tabac comme par exemple des cigarettes, des cigares ou des ingrédients. Cette interdiction de publicité relative au tabac concerne toutes les formes de communication commerciale[67].

L'alinéa 2 de l'article 39 dispose en substance que l'interdiction de la publicité s'étend aux opérations de parrainage mettant en évidence les cigarettes et autres produits de tabac. Les clubs sportifs se trouvent donc de facto privés des ressources qui pourraient être liées à ce type de sponsoring y compris celui qui porte sur les maillots[68].

Pour ce qui est du sponsoring alcool, le principe est le même comme on peut le constater à la lecture de l'article Art. 40 (1) de la loi n° 2006/018 du 29 décembre 2006 régissant la publicité au Cameroun qui relève que « (1) Les publicités en faveur de l'alcool et des boissons alcoolisées sont soumises à des restrictions dont les modalités sont fixées par voie réglementaire. (2) Les restrictions visées à l'alinéa 1 ci-dessus portent notamment sur la forme, *le volume, les arguments publicitaires, les personnages intervenant en qualité d'acteurs dans les publicités, et visibles par le public à l'intérieur*

[67] Voir Cass.crim., 15 juin 2011, n° 10-86.995, inédit, JurisData n° 2011-041303.

[68] NYS (J-F.), « La nécessaire lutte contre les méfaits du tabac et de l'alcool et ses conséquence sur le parrainage sportif », RJES, 1992-1.

desdites publicités lors de leurs diffusions, les horaires de diffusion, les médias et la nature des lieux ou sont diffusés des messages publicitaires ». À la différence de la publicité sur le tabac, la publicité sur l'alcool au lieu d'être purement interdite, elle fait l'objet de restriction. Cela veut dire que le sponsoring sur le maillot relatif à l'alcool peut être toléré dans les conditions fixées par voies réglementaire. Que dire des interdictions dans le domaine du droit d'auteur et de la concurrence ?

2. Les interdictions dans le domaine du droit d'auteur et de la concurrence

La publicité, le message ou le logo qui seront apposés sur le maillot du club à travers le contrat de sponsoring doit absolument tenir compte des interdictions liées à la propriété intellectuelle et à la concurrence. S'agissant des prohibitions liées à la propriété intellectuelle, l'article 31 de la loi n° 2006/018 du 29 décembre 2006 régissant la publicité au Cameroun dispose à cet effet que : *« La publicité imitante est interdite lorsqu'elle porte atteinte au droit des marques, au droit d'auteur et d'une manière générale au droit de propriété intellectuelle, tels que prévus par la réglementation en vigueur, et qu'il y a effectivement action publicitaire, jusqu'à la mise à disposition finale du message publicitaire au public »*.

L'article 33 du même texte précise que *« Sans préjudice de la protection des marques visée aux articles 31 et 32 ci-dessus, le droit d'auteur et les droits voisins et d'une manière générale, le droit de propriété intellectuelle s'appliquent à la publicité »*.

Le droit de la concurrence s'applique à toutes les activités de production, de distribution et de services. C'est ce qu'on peut lire à l'article 2 de la loi n° 98/013 du 14 juillet 1998 relative à la concurrence qui énonce que *« (1) Les dispositions de la présente loi sont applicables à tous les secteurs de l'économie nationale, à toutes les opérations de production et/ou de commercialisation des produits et services réalisés sur le territoire national par des personnes physiques ou morales, publiques, parapubliques ou privées »*. L'activité de service qu'est le sponsoring maillot y est donc soumis. C'est ainsi que le sponsor et le club doivent impérativement éviter, d'après l'article 5 alinéa 2 *« (...) les accords et ententes ayant pour effet d'éliminer ou de restreindre sensiblement la concurrence sur le marché, soit en entravant l'accès à un marché, soit en répartissant de quelque façon que ce soit, des acheteurs ou sources d'approvisionnement dans un marché ».*

Par ailleurs, et selon la doctrine[69], il existe en la matière une obligation de non concurrence du partenaire sportif vis-à-vis du sponsor qui découle de la nature même du sponsoring. Ainsi, le club peut contracter avec différentes entreprises à condition qu'elles ne soient pas concurrentes du sponsor de la fédération. Les modalités de l'exclusivité et de la non-concurrence peuvent différer selon l'activité du sponsor et la nature du partenariat. Le sponsor qui exerce son activité en dehors du domaine sportif, n'exigera généralement pas d'exclusivité au-delà du terme du contrat de parrainage. En revanche, l'équipementier qui mène avec le partenaire sportif une coopération technique peut demander une exclusivité pour une durée nécessairement limitée, toutefois, après le terme du contrat. Cette exclusivité pourra être en outre assortie d'une clause de secret destinée à protéger les avancées techniques du sponsor.

Il s'agit là d'un ensemble d'interdictions relatives au sponsoring maillot. Mais cette liste est loin d'être exhaustive et peut être complétée par d'autres textes.

Conclusion générale

Le moyen de financement privé du football le plus répandu est le sponsoring. Cette technique peut prendre diverses formes. Rappelons-le, il peut porter sur le sponsoring d'un joueur, d'une équipe, d'un club, d'un évènement sportif, d'un club et surtout d'un maillot. Ce dernier est la forme la plus en vue dans le championnat camerounais MTN Elite One. Il a été démontré que le sponsoring maillot assure aux entreprises des retombées importantes en termes d'image et de renommée ; pour le club, il bénéficie d'une somme d'argent permettant de financer ses activités. Le législateur sportif camerounais a bien compris la place de ce mode de financement pour le sport en général et le football en particulier, c'est pourquoi il a admis le sponsoring pour diversifier les sources de revenus des clubs de

69 MONNERVILLE (F.), « Le parrainage sportif : aspect contractuels » Victoires éditions | « LEGICOM », 2000/3 N° 23, p. 92

football. À travers la liberté contractuelle, les parties au contrat de sponsoring peuvent insérer tous les droits et obligations qu'elles souhaitent à condition de ne pas dépasser les limites fixées par la loi. Il s'agit pour l'essentiel des normes prévues par les règles sportives à l'instar du monopole des fédérations et les règles de publicité qui fixent des interdictions dans le domaine de la santé publique, du droit d'auteur et du droit de la concurrence.

Bibliographie

I. Ouvrages et articles

BUY (F.), MARMAYOU (J-M), PORACCHIA (D.) et RIZZO (F.), *Droit du sport*, 4e édition, LGDJ, 2015.

BUY (F.), « Contrat de sponsoring », Encyclopédie droit du sport, www.droitdusport.com, n° 360-185.

BOURZAT (N.), « Sponsorisme », *in* DUDOGNON (Ch.) et KARAQUILLO (J-P.), *Dictionnaire juridique du sport*, Dalloz, 2013, pp. 296-298.

BOURZAT (N.), « Les clauses essentielles du contrat de sponsoring », *in* Jurisport 94, Janvier 2010.

DUDOGNON (Ch.) et KARAQUILLO (J-P.), *Dictionnaire juridique du sport*, Dalloz, Juris éditions, 2013.

GRAS (F.) « Sport et parrainage par des marques d'alcool et de tabac », in LÉGICOM N° 23 – 2000/3 – 103, pages 97 à 103, en ligne sur https://www.cairn.info/revue-legicom-2000-3-page-97.htm

PELTIER (M.), *Droit du sport*, Bréal, 2020.

MARMAYOU (J-M) et RIZZO (F.), *Contrats de sponsoring sportif*, Lextenso, coll. Les intégrales, 2014.

MARMAYOU (J-M) et RIZZO (F.), *Contrats de sponsoring sportif*, Lamy, Paris, 2010.

MARMAYOU (J-M), « Contrat d'équipementier : exemple d'un comportement grave justifiant une rupture unilatérale », note sous CA Aix en Provence 1ère Ch. B, 24 Juin 2004 n° 496, rôle : 02/12 519, S.P. c/ Sarl Nakkila BGB France, in *Les cahiers de droit du sport*, n° 1, Presses Universitaires d'Aix-Marseille, 2005, pp. 184-191.

MARMAYOU (J-M), « Approche rédactionnelle des contrats de parrainage sportif », *Cah. Dr. Sport.* n° 13, 2008, pp. 31-43.

PEKASSA NDAM (G.M.), « Le financement étatique des associations sportives en droit positif camerounais », in ONDOA (M.) et ABANE

ENGOLO (P.E.), (dir.), *L'exception en droit*, Mélange en l'honneur de Joseph Owona, l'Harmattan, 2021.

RIZZO (F.), « Nouvel épisode judiciaire relatif à l'application aux sportifs parrainés de la présomption de contrat de travail prévue pour les mannequins », note sous Cass. 2e civ., 12 mais 2021, n° 19-24.610, *in* Les cahiers de droit du sport, n° 59, Presses Universitaires d'Aix-Mar- seille, 2021, pp. 26-33.

SIMON (G.), « Pouvoir normatif des fédérations sportives », Etudes thématiques, droitdusport.com, 2009.

II. Textes officiels

Loi n° 2018/014 du 11 juillet 2018 portant organisation et promotion des activités physiques et sportives au Cameroun

Le règlement élite one pour la saison 2022

Les règlements généraux de la FE-CAFOOT 2021

La loi n° 2006/018 du 29 décembre 2006 régissant la publicité au Cameroun

Loi n° 2000/011 du 19 décembre 2000 relative au droit d'auteur et aux droits voisins

La loi n° 98/013 du 14 juillet 1998 relative à la concurrence

L'E-SPORT AU REGARD DES DROITS AFRICAINS ET FRANÇAIS

François Xavier BANDOLO

Docteur/Ph.D. en Droit Privé
(Université de Yaoundé II)
Avocat au Barreau du Rwanda

Résumé Considéré comme une révolution dans la pratique du jeu, l'e-sport permet aux e-joueurs de s'affronter sur des plateformes numériques selon des règles prédéfinies. Même si l'activité est déjà généralisée dans le contexte français et africain, l'e-sport ne bénéficie cependant pas encore d'un encadrement juridique précis. Entre les droits africains et français, il existe une différence fondamentale sur la manière de percevoir ce phénomène et qui a un impact sur son effectivité. Alors que le législateur français tente de bâtir un régime juridique spécifique en encadrant les compétitions d'e-sport et en reconnaissant à leurs compétiteurs un ensemble de droits spécifiques, les droits africains quant à eux continuent d'assimiler l'e-sport aux jeux d'argent et à la loterie. Cependant, même s'il existe quelques différences notoires entre ces législations, l'e-sport continue de poser dans les droits français et africains des problématiques communes qui ne trouvent pas encore des réponses satisfaisantes dans les textes. Tel est notamment le cas des questions relatives au droit d'auteur dans les plateformes de streaming, la protection des données personnelles dans les compétitions e-sportives, la définition d'une formule contractuelle adaptée à l'e-sport ainsi que la reconnaissance de l'e-sport comme un sport.

Mots clés E-sport, association e-sportive, e-joueur, contrat d'e-sport, plateformes numériques

Introduction

Avant d'être saisi par le droit, l'e-sport est d'abord la marque d'une évolution tant de la société que de l'identité sportive, et qui vise à adapter le sport à un environnement nouveau : celui du numérique. À travers le développement des plateformes digitales et des réseaux informatiques, l'être humain découvre une nouvelle manière de se divertir, transformant ainsi, les activités du sport[1] traditionnel en des activités immatérielles. En effet, le numérique offre à l'homme une existence supplémentaire par l'intermédiaire d'un avatar qui évoluera dans un univers virtuel peuplé de milliers d'internautes et à travers lequel chacun est libre de s'y faire touriste, mendiant, poète, guerrier, anarchiste, prostitué ou sportif. L'e-sport a ainsi pour vocation de reproduire l'être humain dans sa relation règlementée avec le sport standard mais à travers des plateformes digitales, et en conservant la même sensation et la même contrepartie. Ainsi, qu'il s'agisse du sport traditionnel ou du sport électronique, la pratique sportive reste soumis au droit[2]. Claude BEKOMBO JABEA précise d'ailleurs sur ce point que « *le sport et les règles sont liés au point où l'on ne peut envisager le sport moderne sans règles* »[3]. Défini comme une compétition de jeux vidéo[4] confrontant au moins deux joueurs ou équipes de joueurs

[1] Selon le Dictionnaire Larousse, le sport est un «*ensemble des exercices physiques se présentant sous forme de jeux individuels ou collectifs, donnant généralement lieu à compétition, pratiqués en observant certaines règles précises* ». Cf., Site Internet Larousse. Quatre conditions sont ainsi nécessaires pour qu'une activité soit qualifiée de sportive. Cette activité doit être constituée par un effort physique, une pratique orientée vers la compétition, une activité institutionnalisée par des règles universelles et enfin une pratique fédérée (c'est-à-dire qu'une fédération, un organe unique, doit être à la tête de cette activité pour fixer les règles et organiser les compétitions).

[2] Cf., CARDELLA (B.), *Le droit des jeux vidéo, de la virtualité à la réalité juridique*, Thèse soumise le 10 janvier 2012.

[3] BEKOMBO JABEA (C.), *L'interaction entre la lexsportiva nationale et la lexsportiva « internationale » : réflexion à partir du cas du Cameroun*, thèse de Doctorat, Université Jean Moulin (Lyon III), 2016 p.11. lire également, ALAPHILIPPE (F.), « Sport Et Droit », *Revue Juridique Et Economique Du Sport*, N° 1, 1987 ; ALAPHILIPPE (F.), « Sport à l'épreuve du Droit », Bournazel (E) (sous la Dir), *Sport et Droit*, Bruylant, Bruxelles, 2000, pp. 759-770.

[4] « Est considéré comme un jeu vidéo tout logiciel de loisir mis à la disposition du public sur un support physique ou en ligne intégrant des éléments de création artistique et technologique, proposant à un ou plusieurs utilisateurs une série d'interactions s'appuyant sur une trame scénarisée ou des situations simulées et se traduisant sous forme d'images animées, sonorisées ou non », article 220 terdecies II du Code général des impôts francais.

pour un score ou une victoire[5], l'e-sport décrit la pénétration des activités sportives par les technologies de l'information et de la communication. L'e-sport (pour "*electronic sports*" ou sport électronique en français) désigne communément la pratique du jeu vidéo en compétition[6], à tous les niveaux, de l'amateur au professionnel, dans son salon ou au sein d'arènes de jeux. Ainsi, pour être caractérisée, la pratique visée doit traduire un affrontement, seul ou par équipe et utilisant le support numérique comme support de jeu. L'e-sport traduit une transcription au plan sportif de l'influence sans cesse grandissante de l'univers du digital et du numérique dans les domaines qui lui étaient jadis inconnus[7]. Avec l'e-sport, la pratique des activités sportives cesse d'être un affrontement physique doté d'une certaine matérialité entre les acteurs, pour traduire une confrontation immatérielle[8] dans laquelle, des compétiteurs s'affrontent avec le même esprit du *fair-play* qui caractérise les activités sportives traditionnelles. L'intérêt pour la pratique du sport électronique est établi et semble justifier la généralisation de ce phénomène dans toutes les parties du globe[9], au point de traduire l'avenir du sport sur terre et dans l'uni-

[5] Cf., Art., L321-8 alinéa 2 du Code de la Sécurité Intérieure francais.

[6] Il existe à ce jour plusieurs compétitions de jeux vidéo à l'exemple de Paris GamesWeek, League Of Legends World Championship, IEM Katowice, Fortnite World Cup.

[7] HARIVEL (J.), *Libertés publiques, libertés individuelles – Risques et enjeux de la société numérique*, 2018, Thèse sous la direction de W. GILLES, pp. 19 et suiv.

[8] Le numérique désigne le «domaine global constitué du réseau maillé des infrastructures des technologies de l'information (dont Internet), des réseaux de télécommunications, des systèmes informatiques, des processeurs et des mécanismes de contrôle intégrés », in Glossaire interarmées de terminologie opérationnelle, Document cadre DC-004_GIATO(2013) no 212 /DEF/CICDE/NP du 16 déc. 2013, amendé le 1er juin 2015, p. 50, sur le site http://www.cicde.defense.gouv.fr/, http://www.cicde.defense.gouv.fr/IMG/pdf/20150601_np_cicde_dc-004-giato-amende.pdf, page consultée le 27 avril 2022.

[9] Le premier championnat a eu lieu le 1er novembre 1980 et présentait le jeu sur console Atari « SpaceInvaders » ralliant plus de dix mille participants. Plus tard, l'évènement «*Electronic Entertainment Expo*» ou «E3» en juin 1997 a permis l'organisation d'un tournoi de jeux vidéo appelé « Red Annihilation », sponsorisé par Microsoft. Depuis l'e-sport n'a fait que croitre notamment aux Etats-Unis, au Japon et en Corée du Sud où les gouvernements ont autorisé les visas de plusieurs joueurs professionnels d'e-sport sous la catégorie «*sportif de haut niveau*», cf., COMBIER (E.), «Comment l'e-sport peut vous permettre d'obtenir un visa au Japon», *Les Echos*, 05.04.2016, http://www.lesechos.fr/05/04/2016/lesechos.fr/021818454040_comment-l-e-sport-peut-vous-permettre-d-obtenir-un-visa-au-japon.htm.

vers[10]. Cette pratique qui rassemble des milliers de participants[11] est diffusée en *live stream* sur internet, et a des retombées économiques parfois plus fortes que celles générées par les sports traditionnels[12]. Ainsi, même si l'e-sport fait ses débuts en Afrique[13], il convient de relever que cette activité a déjà une certaine notoriété dans les pays occidentaux notamment en France[14] au point où aujourd'hui il n'est pas inutile de lui consacrer une réflexion académique.

L'e-sport n'a pas attendu d'être règlementé pour se développer en Afrique et en France[15] spécifiquement[16]. De manière originale, on assiste à l'organisation des compétitions e-sportives qui font intervenir une multitude d'acteurs allant des joueurs professionnels ou amateurs, aux organisateurs en passant par des arbitres, des associations e-sportives ainsi que des sponsors. Même si cette activité reste ambiguë et difficile à conceptualiser dans son organisation et son fonctionnement, elle pose cependant un besoin de règlementation, mais d'un droit spécifiquement différent de celui applicable aux activités sportives traditionnelles. La construction d'un régime juridique

[10] Cf., TUAL (M.), « Le sport électronique, un monde en plein essor », *Le Monde Économie* 30.10.2015, http://abonnes.lemonde.fr/pixels/article/2015/10/30/le-sport-electronique-un-monde- en-plein-essor_4799789_4408996.html.

[11] Le e-sport opère un rassemblement de milliers de fans. À ce titre, peut être citée la finale du championnat du monde de League of Legends de 2019 qui a attiré en moyenne par minute, 21,8 millions de spectateurs en ligne avec un pic à 44 millions. De plus, les gamers sont de veritables influenceurs au regard de leur popularité. Tel est le cas de Kinstaar, joueur francophone de Fortnite suivi par 627 000 personnes sur Instagram, 434 200 followers sur Twitter, plus de 987 000 abonnés sur sa chaîne YouTube.

[12] V°., NAMEKONG (G. R.), *Contribution à la connaissance des causes de la baisse des entrées dans les compétitions de football en Afrique subsaharienne*, Yaoundé, CIES, mai 2002,38 P.

[13] La présente étude n'abordera que les pays africains anciennement colonisés par la France notamment le Congo Brazzaville, La Cote d'Ivoire, le Sénégal, le Cameroun, le Burkina Faso limitativement.

[14] Le groupe ESPN, dirigeant une chaîne de télévision sportive américaine, a récemment proposé un classement des meilleurs jeux e-sport, comprenant un certain nombre de titres célèbres du monde vidéo ludique parmi lesquels Counter-Strike, Dota 2, Call of Duty, Super Smash Bros-Melee ou encore Starcraft II.

[15] Cf., GAYLOR RABU, « L'e-sport, un sport ? », *Petites affiches*, 29 octobre 2013 n° 216, p. 4.

[16] La France et l'Afrique ont des relations anciennes et qui traversent la pratique sportive. Dans ce cadre, le sport serait un outil des relations internationales. Cf., AUGUSTIN (J-P.), « Sport, décolonisation et relations internationales. L'exemple de l'Afrique Noire », in ARNAUD, WAHL (A.), *Sports et relations internationales,* Centre de recherche de l'Université de Metz, 1994, pp.199-204.

spécialement applicable au sport électronique étant liée au développement des infrastructures techniques et technologiques, le continent africain a accusé un retard significatif dans ce domaine. Et même si on relève des initiatives tendant à faire de l'Afrique une plateforme de développement du digital, le retard dans la formulation des règles de droit demeure certain. Ainsi, malgré l'engouement que représente la pratique des activités des jeux vidéo en compétition pour la jeunesse du continent, le droit régissant le sport électronique reste encore dominé par un désir de répression lié à l'assimilation incohérente du sport électronique aux jeux de hasard et à la loterie[17].

Dans le contexte français, le développement de l'e-sport est consécutif au développement des technologies du numérique ainsi qu'à l'envie d'explorer les nouveaux domaines de la distraction qui a cours dans cette partie du monde. Outre un environnement favorable en termes d'infrastructures sportives, on note un réel intéressement des acteurs sportifs à la pratique des jeux vidéo en compétition. Cependant, malgré l'existence de l'équipement technologique nécessaire, le développement du droit de l'e-sport en France reste limité. Et même s'il y existe une réglementation des jeux vidéo qui précise le rôle des acteurs ainsi que les droits et obligations des participants aux compétitions du sport électronique, il convient de noter que ce régime demeure insuffisant et désarticulé. Ainsi, note-on avec regret, une immixtion des règles du droit commun dans l'encadrement du sport électronique par défaut d'un droit original. Mais, malgré ces écueils, le droit de l'e-sport en France existe contrairement au contexte africain où on note une lueur naissante du droit du sport électronique. L'émancipation du droit de l'e-sport en France et en Afrique fait face à certaines difficultés qui lui sont consubstantielles et qui empêchent son développement. En effet, comment construire un droit des pratiques sportives numériques alors même que le droit du sport et celui du numérique restent inachevés ? Par ailleurs, à supposer qu'il soit possible d'atteindre un tel objectif, quelle sera la nature de ce droit nouveau ? S'agi-

[17] Les pays tels que l'Afrique du Sud, la Cote d'Ivoire, le Rwanda, le Sénégal et le Cameroun se distinguent dans l'organisation des compétitions de sport électronique sans pour autant s'appuyer sur une règlementation précise.

rait-il d'une application particulière du droit commun du sport dans le domaine numérique[18] ou alors s'agit-il d'un droit spécial et autonome ? En effet, considérer le droit de l'e-sport comme une discipline juridique accessoire du droit commun reviendrait à remettre en cause le merveilleux mouvement de spécialisation du droit qui caractérise les activités numériques et même sportives. En fait, si on peut relever les inconvénients de la segmentation du droit par sa spécialisation, il convient de noter que l'e-sport ne peut se nourrir de modèles préconçus du droit. Comme toute donnée du numérique, l'e-sport se nourrit de l'information publique ou personnelle et devrait être abordée à travers sa nature transversale et autonome. L'information consacre la conversion en un langage commun offert à tous les usages qui entendent bien se numériser pour profiter des diminutions des coûts, des optimisations des processus et de la plasticité des réseaux[19]. Avec le numérique, apparaissent de nouveaux objets, comme les noms des domaines, des *blockchains,* des *smartscontracts,* des algorithmes, qui trouvent leur application dans les usages courants. De nouvelles interrogations apparaissent, provoquées par le numérique sans pouvoir être traitées par les disciplines classiques. De là, il en ressort que l'e-sport ne saurait se satisfaire des dispositions du droit commun du sport[20] et en appelle donc à des règles particulières et autonomes pour assurer son efficacité.

La réaction face à cette exigence est différente selon que l'on se trouve en droit français ou dans les divers droits africains. Dans ce dernier cas, le régime juridique applicable aux activités de l'e-sport est un dérivé du droit commun du sport ainsi que des règles générales du droit du travail, du droit des obligations, du droit pénal, etc. et qui, du fait de leur généralité, ne sont pas adaptées aux activités du sport électronique. En droit français par contre, on relève plutôt un début de construction d'un régime juridique spécial et autonome, conscient du fait que l'application d'un droit général à

[18] Cf., CATALA (P.), *Le droit à l'épreuve du numérique. Jus ex machina*, PUF, 1998.

[19] La plasticité des réseaux renvoie à sa capacité à relier sans délai [...] de nouveaux participants, d'y insérer à profusion des contenus de toutes natures, d'ouvrir ou de fermer des espaces informationnels [...] avec une flexibilité dynamique exceptionnelle.

[20] Cf., notamment sur l'émancipation du droit du sport, GROS (M.), VERDKINDT (P. Y.), « L'autonomie du droit du sport : fiction ou réalité ? », *AJDA*, 1985, PP 699-705.

un domaine hyperspécialisé entraine l'inefficacité du droit. Cependant, ce régime juridique reste parcellaire et inachevé ; toute chose qui conduit également à son inefficacité. Il se pose globalement le problème du manque du droit et de la fragile interconnexion des droits applicables aux jeux vidéo en compétition.

Tout en relevant l'état d'inefficacité des divers droits en étude, la présente réflexion mène une analyse comparative entre les droits français et africains de l'e-sport. Elle s'articule sur la question de savoir si l'encadrement juridique actuel des activités de l'e-sport permet d'assurer une protection suffisante des acteurs des compétitions de jeu vidéo dans les droits africains et français. En effet, l'articulation et le contenu actuels des droits de l'e-sport français et africains sont caractérisés par leur complexité et leur incomplétude. Le constat est d'autant plus alarmant qu'il remet en cause l'intérêt évident des pratiques du sport électronique. A travers le dogme de la neutralité[21], les partisans des développements technologiques et de l'e-sport soutiennent que, *«de même qu'il y a des applications pacifiques ou militaires de l'atome, de même l'informatique peut être facteur de libération ou d'asservissement. La machine est conçue comme la prolongation passive de la volonté et de l'action humaine : elle peut être potentiellement génératrice de dommages ou de bienfaits »*[22]. S'appuyant sur ce nouveau paradigme, le numérique est présenté comme facteur de libération de l'homme et de réalisation de son instinct sportif. Les pratiques de l'e-sport ont un intérêt à la fois économique, à travers les gains qu'elles génèrent, un intérêt socio-politique par ce qu'elles permettent de lutter contre le chômage tout en assurant le développement des infrastructures des technologies numériques. Il y'a également un intérêt sportif à travers le rayonnement des États et des associations

[21] MORITZ (M.), «Entre idéal de neutralité technologique et réalité d'une mutation sémantique : analyse des catégories juridiques du droit français de la communication», *RIDDN*, vol. 1, mars 2017, pp. 31-42.

[22] THOMAS-SERTILLANGES (J.-B.), «Droit et technologies : concilier l'inconciliable? Réflexions épistémologiques pour un droit des libertés technologiques », *Les Cahiers du numérique*, vol. 10, 2014, n° 2, pp. 17-40.

dans les compétitions sportives électroniques, et le développement de la culture du *fairplay* chez les pratiquants.

Cependant, même si l'on peut noter quelques éléments communs dans la formulation du droit du jeu vidéo en compétition, il convient de relever l'existence de différences fondamentales entre les droits africains et français notamment en ce qui concerne l'existence même du droit du e-sport (I) ainsi que son effectivité (II).

I. Une tendance divergente dans l'existence d'un droit de l'e-sport

Sur un plan strictement juridique, les difficultés de développement de l'e-sport en droits africains et français commencent avec la reconnaissance même des activités de l'e-sport comme étant des activités sportives. En fait, il existe dans ces divers droits un problème général d'appréhension de l'e-sport comme faisant partie intégrante du sport (A). La deuxième différence entre les droits en comparaison réside sur la construction juridique du sport électronique. Ici et là, on relève quelques éléments de contrariété de nature à paralyser l'émancipation du droit de l'e-sport (B).

A. L'appréhension différenciée des pratiques de l'e-sport

Avant de parvenir à l'efficacité du droit applicable aux activités de l'e-sport, il doit y avoir un consensus préalable sur la nature des activités e-sportives (1). C'est de cette difficulté que nait la différence de construction entre les droits de l'e-sport en France et en Afrique (2).

1. Une nature juridique diversement appréciée

En Afrique tout comme en France, les activités sportives sont règlementées et on s'accorde même à reconnaitre dans ces divers droits que le sport est un droit de l'homme[23]. La difficulté avec l'e-sport réside sur le fait que les divers droits en présence ne considèrent pas clairement les activités de l'e-sport comme relevant du sport. Cette limite semble justifier à elle seule la négligence accordée

[23] Cf., article 2 de la n° 11/023 du 24 décembre 2011 portant principes fondamentaux relatifs à l'organisation et à la promotion des activités physiques et sportives en République démocratique du Congo, « La pratique des activités physiques et sportives est un droit fondamental pour tous ».

à l'e-sport en droits français (b) et africains (a). Cependant, il convient de relever que le traitement de cette question est différent dans les divers contextes.

a. L'exclusion totale de l'e-sport du domaine des activités sportives en droits africains

Il existe un constat général de méconnaissance du sport électronique dans les droits africains, une situation qui peut cependant se comprendre. En effet, même si certains pays africains abritent des compétitions d'e-sport sur leur territoire[24], il convient cependant de relever qu'il n'existe pas encore dans le continent, une législation qui associe expressément les activités de l'e-sport aux activités sportives. Ainsi, en Côte d'Ivoire, la loi définie les activités sportives comme *« la pratique des jeux codifiés et institutionnalisés, préparés par un entrainement pouvant donner lieu à une compétition et faisant partie ou non des sports olympiques ou paralympiques »* [25]. Ainsi, pour être qualifié de sport, les jeux doivent être codifiées et institutionnalisés, ce qui n'est pas le cas avec l'e-sport car, précisément, il n'existe pas encore, en ce qui concerne le cas ivoirien, une loi portant sur l'e-sport. Il en ressort que le droit de l'e-sport ne peut pas être développé dans un contexte où la loi elle-même ne prévoit pas de pareilles activités. On retrouve également cette formulation ivoirienne en droits burkinabé[26]et congolais[27]. Dans ce

[24] Avec le jeu vidéo mobile, l'e-sport est le deuxième domaine moteur de l'industrie vidéoludique africaine. Un secteur qui connaît un essor plus qu'important au niveau mondial. En 2020, le domaine de l'e-sport a généré 950 millions de dollars de recettes au monde, établissant un nouveau record, qui tend à être battu chaque année. Rentrant pleinement dans cette dynamique, l'Afrique fait figure de terre d'avenir pour la pratique de l'e-sport. A partir de 2017, Orange, SENGAMES et la World Gaming Federation se sont associés pour produire, au Gabon, la CAN E-sport, c'est-à-dire le versant virtuel de la Coupe d'Afrique des Nations. Le tournoi réunit 8 pays et plus de 1 000 joueurs. Sengames a ainsi pu organiser plus de 50 événements e-sport en près de 10 ans, et réunit une communauté active de plus de 3 000 gamers. Cf., https://indie-game-factory.eu/esport-en-afrique. (Consulté le 25 mai 2022).

[25] Art. 1er de la loi n° 2014-856 du 22 décembre 2014 relative au sport en Côte d'Ivoire.

[26] CONGO (I.), « Le sport au Burkina Faso », *Recueil des principaux textes régissant les activités sportives et les structures dirigeantes.* Mars 20002 et Août 2005

[27] Art. 3 (b) de la n° 11/023 du 24 décembre 2011 portant principes fondamentaux relatifs à l'organisation et à la promotion des activités physiques et sportives en République démocratique du Congo

dernier cas, le législateur dresse une liste des différentes catégories des activités physiques et sportives[28] sans mentionner l'e-sport.

En droits camerounais et sénégalais, l'ignorance de l'e-sport semble ne pas être absolue. Dans ces droits en effet, les législateurs se contentent d'indiquer pour les définir que, les activités sportives sont celles qui concourent à assurer l'équilibre mental, la préservation du capital-santé, l'épanouissement physique, intellectuel ou socio-économique de l'individu. On voit bien dans cette définition qu'un rapport entre les activités sportives et l'e-sport peut bien être positivement détecté, notamment en raison de *« l'épanouissement (...) intellectuel ou socio-économique »*. Cependant, il y a lieu de relever pour le déplorer que les textes ne donnent aucune précision sur la possibilité de conduire valablement des activités sportives sous la forme numérique. C'est dire que dans une telle hypothèse, il est difficile d'envisager le développement de l'e-sport dans le cadre d'une législation qui ne le consacre pas expressément. Plusieurs raisons peuvent alors expliquer une telle méconnaissance. La raison technologique est d'abord le premier argument justifiant l'inexistence d'un cadre juridique de l'e-sport en Afrique. En effet, on explique qu'il n'est pas pertinent de réglementer un domaine pour lequel il n'existe aucune infrastructure technologique pour assurer la mise en œuvre du droit contenu dans le texte. Ainsi, faute de ne pouvoir justifier d'un développement technique et technologique suffisant, l'e-sport est condamné à ne pas voir le jour dans les textes de droit africains. Mais il ne suffit pas de le dire pour appréhender la situation dans son ensemble car, malgré la pauvreté technologique et numérique, on assiste à l'organisation des compétitions d'e-sport dans le continent, preuve que la question technologique, n'est pas si préoccupante. En effet, l'argument du développement technologique est surtout lié au fait que les États africains ne

[28] L'article 4 de la n° 11/023 du 24 décembre 2011 portant principes fondamentaux relatifs à l'organisation et à la promotion des activités physiques et sportives en République démocratique du Congo précise que : « *Selon leur nature et les objectifs poursuivis, les formes d'activités physiques et sportives comprennent notamment : a) l'éducation physique et sportive ; b) le sport de masse ; c) le sport de compétition ; d) le sport de haut niveau ; e) le handisport ; f) le sport-loisir ; g) le sport non amateur ; h) le sport professionnel ; i) le sport amateur ; j) le sport pour tous* ».

disposent pas des connaissances techniques et le matériel nécessaire pour surveiller l'organisation et le fonctionnement des compétitions d'e-sport. Ainsi, si les organisateurs des compétitions d'e-sport ainsi que les compétiteurs disposent de la ressource technologique nécessaire pour entretenir cette variante sportive, l'Etat n'a pas, quant à lui les moyens techniques pour surveiller la légalité de ces jeux et d'en assurer le respect de l'ordre public sportif. Mais il convient de relever que cette difficulté de l'Etat est consubstantielle aux activités de l'e-sport elles-mêmes qui, du fait qu'elles se déroulent dans les plateformes numériques, ne facilitent pas le contrôle et la surveillance des autorités Etatiques. Dans ce cadre, il n'est pas facile d'attester de la légalité des activités et du respect des règles impératives. De plus, en l'absence d'un tableau technique suffisant, il n'existe pas encore des autorités de surveillance des pratiques sportives en ligne ou requérant la mise en réseau d'ordinateurs.

Une autre raison pouvant justifier la méconnaissance de l'e-sport dans les droits africains est liée au mimétisme juridique qui a toujours caractérisé les droits du continent. En fait, la colonisation de l'Afrique a installé chez les législateurs africains une idée suivant laquelle c'est ce que le colon fait qui est bien d'où les transpositions automatiques les lois françaises[29] dans les législations africaines[30]. Dans le cas de l'e-sport, parce que le colon lui-même est bloqué à trouver un droit applicable à l'e-sport, les colonisés ne disposent dont pas de référence à transposer dans leurs lois internes. Il convient également de préciser que le niveau de développement des compétitions d'e-sport n'est pas encore élevé dans le continent car les activités de sport électronique ne sont pas suffisamment vulgarisées au point d'intéresser leurs cibles. Enfin, la politique sportive de

[29] « En 1958, la France est à la tête d'un immense empire africain au sud du Sahara, comprenant l'Afrique occidentale française (AOF), l'Afrique équatoriale française(AEF) et l'ile de Madagascar. Célébrée lors de l'exposition coloniale de 1931, la tranquillité de cet empire jusque-là épargné par les tumultes du monde est bousculée par la Seconde Guerre mondiale », in, VAÏSSE(M.), *La puissance ou l'influence ? - La France dans le monde depuis 1958,* Arthème Fayard. 2009, p. 187.

[30] Cf., BANCEL, (N.), *Entre Acculturation et Révolution. Les mouvements de Jeunesse et les sports dans l'évolution politique et institutionnelle en AOF (1945-1960),* Thèse de doctorat. Paris I. La Sorbonne.

l'Afrique est instrumentalisée[31] et les domaines du sport qui font l'objet de réglementations spécifiques sont ceux qui remportent le plus d'argent et de popularité[32]. L'e-sport étant encore inconnu et ne générant pas des revenus suffisants, la politique du sport se sent désintéressée. Cette situation est différente en droit français.

b. L'inclusion partielle de l'e-sport dans le domaine du sport en droit français

En droit français, la question de la reconnaissance du sport électronique comme faisant partie des activités sportives est ambiguë. En fait le législateur a consacré un régime juridique inachevé et incohérent en la matière. Ainsi, s'il est établi une réglementation de l'e-sport, on ne peut cependant pas encore affirmer qu'en droit français, l'e-sport est un sport. En effet, à travers la loi pour une Répu-blique numérique adoptée le 7 octobre 2016[33], le droit français marque sa volonté de règlementer le sport électronique. Le droit français définit ainsi l'e-sport comme une *« compétition de jeux vidéo confrontant, à partir d'un jeu vidéo, au moins deux joueurs ou équipes de joueurs pour un score ou une victoire »*[34]. Suivant cette réglementation, le sportif électronique bénéficie d'un statut, et l'organisation des compétitions d'e-sport est règlementée. Mais, malgré l'existence de cet encadrement légal, il convient de relever avec un auteur que l'e-sport n'a pas l'objet d'un encadrement législatif spécifique[35]. Il n'existe pas de lois sur le sport électronique et le Code du sport français ne dispose pas d'une réglementation particulière pour l'e-sport.

De fait, l'initiative portée par la loi pour une République numérique et le Code de la sécurité intérieure s'apparente davantage à un acte isolé en droit français. Mais, contrairement aux droits africains, le droit français dispose d'une prémisse de réglementation de l'activité e-sportive. L'e-sport figure dans une loi ; ce

[31] Cf., TERRET (T.), *Histoire du sport*, PUF. 2007, p. 80.

[32] POLI(R.), DIETSCHY(P.), « Le football africain entre immobilisme et extraversion », *Politique Africaine*, 2006, n° 102.

[33] Loi n° 2016-1321 du 7 octobre 2016, JORF 8 octobre 2016 n° 0235, texte n° 1.

[34] Article L321-8 alinéa 2 du Code de la Sécurité Intérieure français.

[35] VALETTE (B.), « Loi pour un République numérique, histoire d'une loi consacrant l'e-sport », *Les enjeux juridiques de l'e-sport* sous la direction de Gaylor RABU MORGANE Reverchon-Billot Coll. Centre de Droit du Sport Aix-Marseille PUAM p 81-94

qui traduit la volonté du législateur français à reconnaitre la nouvelle catégorie des activités sportives. Cependant, il convient de relever que même si l'approche française du droit du sport électronique est préférable par rapport au silence total adopté par les droits africains, le droit français de l'e-sport reste limité et est même assimilé à un arbre qui cache l'immense forêt de la non-réglementation. En effet, le législateur français rattache la réglementation de l'e-sport non pas au Code du sport, mais à celui de la sécurité intérieure. De plus, le législateur préfère l'appellation de *« compétition des jeux vidéo »* par rapport à celle plus connue de l'*« e-sport »*. Ce choix des mots n'est cependant pas anodin et traduit la difficulté du législateur à construire un régime juridique spécifique. Il en ressort ainsi qu'au sens juridique du terme, l'e-sport n'est pas encore un sport en droit français.

Par rapport aux droits africains, le droit français fait face à une réelle difficulté d'assimilation de l'e-sport au sport. En effet, le refus de rattacher les dispositions de la loi sur la République numérique au Code du sport traduit l'opinion du législateur français sur la question de l'e-sport. En assimilant l'e-sport au sport traditionnel, cela reviendrait pour le législateur français à affirmer que le sport électronique justifie de la même configuration que le sport traditionnel, ce qui n'est pas encore le cas.

Il convient de commencer par relever que tout comme dans les droits africains, le droit français donne une définition du sport qui est parfaitement compatible avec les activités de l'e-sport. En effet, selon, l'article L100-1 du Code du sport français, l'activité sportive doit promouvoir certaines valeurs pour pouvoir être qualifiée de sport. Ces valeurs sont l'éducation, la culture, l'intégration, la lutte contre l'échec scolaire, la réduction des inégalités sociales et culturelles, l'égalité entre les hommes et les femmes etc...En parcourant ces différentes valeurs, il apparait que la pratique du sport électronique n'en est en rien incompatible. Cela signifie donc que les difficultés d'assimilation de l'e-sport avec le sport se trouvent dans le défaut ou la difficulté de structuration des activités de l'e-sport à l'image de celles des sports traditionnels. De fait, l'e-sport n'est pas un sport parce que ne justifiant pas encore de l'organisation administrative du sport, notamment, l'existence des associations, des fédérations nationales et internationales, des clubs. Il convient cependant de relativiser cet argument car, il existe déjà de nombreuses associations de l'e-sport[36] mais qui ne bénéficient cependant pas encore de la légitimité nécessaire pour représenter l'ensemble de la profession e-sportive.

On pourrait également relever en droit français l'inexistence des règles de jeux applicables aux compétitions de l'e-sport, étant entendu que l'e-sport et le sport se déroulent sur des supports différents et donc les règles d'encadrement des jeux ne peuvent pas être les mêmes. Quoi qu'il en soit, le droit français comporte déjà une réglementation de l'e-sport quoi que limitée et qui se situe à une échelle supérieure par rapport aux les droits africains.

2. Une existence juridique communément problématique

La construction d'un régime juridique particulier applicable aux activités du sport vidéo en compétition fait face à de nombreuses difficultés typiquement juridiques et qui empêchent le développement de cette pratique sportive en droits français et africains. En fait, il s'agit des problèmes centraux qui sont directement liés à la nature même de l'e-sport et donc la prise en compte suscite des difficultés supplémentaires. Tel est notamment le cas avec la question du droit d'auteur (a) ainsi que de la définition du droit applicable (b).

a. La complexité de la question du droit d'auteur dans les plateformes numériques

Le problème du droit d'auteur suscite un intérêt particulier en ce qui concerne l'e-sport. En effet, contrairement au sport traditionnel, les activités de l'e-sport s'articulent intégralement autour du droit d'auteur car, les jeux vidéo restent considérés comme des œuvres de l'esprit et posent donc des problèmes spéciaux avec le droit d'édition. De plus, la détermination du droit à l'image sur les plateformes de streaming est également préoccupante.

Avant d'être une pratique de compétition, le jeu vidéo est d'abord une œuvre de l'esprit protégée par le droit d'auteur. Ainsi, à l'opposé du sport classique, les compétitions d'e-sport posent l'exigence d'une autorisation préalable de l'éditeur du jeu. En effet, le droit d'auteur octroie aux auteurs

[36] Tel est notamment le cas de La Fédération Française du Jeu Vidéo en Réseau (FFJVR), la Fédération Française du Jeu Vidéo (FFJV), L'Association France ESport créée le 26 avril 2016, etc.

une protection de leurs œuvres consistant, non seulement à leur accorder des droits d'exploitation qui tiennent compte de leurs intérêts matériels, mais aussi en la protection de l'expression de leur personnalité au moyen de prérogatives d'ordre moral[37]. Au titre du droit d'auteur, les auteurs sont protégés contre l'utilisation non autorisée de leurs œuvres[38] et ils peuvent prétendre à une part éventuelle de tous les gains résultant de leur utilisation par le public. Ces droits se fondent donc essentiellement sur le lien juridique qui peut exister entre un créateur et sa création[39].

En application de cela, les divers droits africains et français protègent les œuvres numériques et notamment le jeu vidéo comme une composante du droit d'auteur. Ainsi, en droit camerounais, la loi protège les créations informatiques qui vont du logiciel[40] jusqu'aux œuvres multimédias en passant par les bases de données[41] en tant que composantes majeures des jeux vidéo en compétition. Le

[37] Cf. art. 2 et 25 de la loi N° 1187, du 29 juillet 1987 instituant la protection du droit d'auteur et des droits voisins au Gabon ; art. 1er de la Loi n° 2008-09 du 25 janvier 2008 portant loi sur le droit d'auteur et les droits voisins au Sénégal ;

[38] Art. 11 de la loi n° 2016-555 du 26 juillet 2016 relative au droit d'auteurs et aux droits voisins en Côte d'Ivoire.

[39] EDELMAN (B.), *Le sacre de l'auteur*, éditions du Seuil, Paris, Mars 2004, p. 192.

[40] D'après l'article 2(11) de la loi du 19 décembre 2000 portant sur le droit d'auteur et les droits voisins au Cameroun, le logiciel ou programme d'ordinateur s'entend comme « l'ensemble d'instructions qui commandent à l'ordinateur l'exécution de certaines tâches ». L'article 3(1) de la même loi dispose que : « Sont protégées par la présente loi toutes les œuvres du domaine littéraire et artistique, quels qu'en soient le mode, la valeur, le genre ou la destination de l'expression, notamment : — Les œuvres littéraires, y compris les programmes d'ordinateur. ». cf., également, art. 6 de la Loi n° 2008-09 du 25 janvier 2008 portant loi sur le droit d'auteur et les droits voisins au Sénégal ; art. 7 de la Loi N° 24/82, du 7 juillet 1982 sur le droit d'auteur et les droits voisins au Congo Brazzaville.

Voir sur ce point, SEUNA (C.), *La protection juridique du logiciel par le droit d'auteur au Cameroun*, thèse de doctorat 3 e cycle, Université de Yaoundé, 1992, 350. Cf., également, art. 6 de la loi n° 2016-555 du 26 juillet 2016 relative au droit d'auteurs et aux droits voisins en Côte d'Ivoire.

[41] Selon l'article 2(12), les banques ou bases de données se définissent comme « le recueil d'œuvres, de données *ou d'autres élément s systématisé s de manière à pouvoir être recherchés et traités à l'aide d'un ordinateur* ». L'article 4(2)b) précise que sont « [...] pr*otégées comme œuvres composites, sans préjudice des droits d'auteur sur l'œuvre préexistante : les recueils d'œuvres, y compris [...] de simples faits ou données, [...], les compilations de données, qu'elles soient reproduite s sur support exploitable par machine ou sur toute autre forme qui, par le choix ou la disposition des matières, constituent des œuvres originales* ».

contenu « *multimédia* » qui constitue le support du e-sport a ainsi été défini en droit français comme une *« création complexe réunissant, après mise en forme informatique, un ensemble de textes, d'images fixes et/ou animées et/ou de musique, accessible sur « compact disc » (CD-ROM pour simple lecture, CDI pour dialogue), qui nécessite l'utilisation d'un appareil (lecteur isolé ou inséré dans un ordinateur, une télévision, etc.), pour que les usagers puissent en prendre connaissance »*[42].

Faute d'une réglementation explicite en droits africains, les jeux vidéo sont assimilés à tort aux œuvres audiovisuelles[43]malgré la particularité qu'elles nécessitent une lecture interactive[44]. Cependant, la jurisprudence française apparait plus précise sur la question de la nature du jeu vidéo en matière de propriété intellectuelle en considérant que les jeux vidéo sont des œuvres multimédia[45], c'est-à-dire des œuvres complexes, qui sont composées de différents éléments : logiciel, dessins, sons, scénario, d'une musique originale, bases de données, d'œuvres audiovisuelles, créées spécifiquement. En outre, il s'agit d'une *« œuvre complexe qui ne saurait être réduite à sa seule dimension logicielle, quelle que soit l'importance de celle-ci, de sorte que chacune de ses composantes est soumise au régime qui lui est applicable en fonction de sa nature (...) »* [46]. Ainsi, tout en rejetant l'assimilation des jeux vidéo aux œuvres audiovisuelles et logicielles, le droit français rattache l'e-sport à la catégorie des œuvres multimédia. Bien plus, les juges considèrent que le jeu vidéo n'est pas une œuvre collective mais une œuvre de collaboration pour laquelle il est possible de lui attribuer des droits d'auteur distincts. Ce qui pose problème en ce qui concerne l'e-sport ce n'est pas tant sa nature d'œuvre multimédia, mais le fait que l'existence d'un droit d'édition limite la généralisation du droit de l'e-sport. En fait, au regard de l'ingéniosité qui caractérise le monde numérique, il faudrait justi-

[42] GAUTIER (P.-Y.), « Œuvres multimédia en droit français », *R.I.D.A.,* 1994, pp.90-131, p. 93.

[43] Cf., art. 2 (4) de la loi du 19 décembre 2000 précitée.

[44] Cf., LUCAS (A.), « Droit d'auteur et multimédia », *Mélanges Françon*, Paris, Dalloz, 1995, p. 325.

[45] Cass. Ass. plén., 7 mars 1986, Atari Inc. c/ Valadon, no 84-93509 et Cass. Ass. plén., 7 mars 1986, Williams Electronics Inc. c/ Claudie T. et Sté Jeutel, no 85-91465.

[46] CA Paris, Pôle 5, Chambre 12, 26 sept. 2011, Nintendo c/ AbsoluteGames.

fier d'autant d'autorisations que de compétitions e-sportives. Bien plus, il est logique de penser que c'est celui qui dispose de l'exclusivité sur le jeu vidéo qui organisera la compétition et qui en tirera les bénéfices. Le droit d'auteur étant lié à la création, il faudrait continuellement avoir le soutien du créateur pour assurer l'effectivité des activités de l'e-sport. Ainsi, la variété des jeux vidéo permet de comprendre que le droit d'auteur constitue une limite sérieuse à l'émergence du droit de l'e-sport dans les législations françaises et africaines. En fait, le droit d'auteur est confronté à une crise de légitimité en raison de l'inadaptation de la structure et de la définition des droits d'exploitation aux nouvelles utilisations des œuvres, dans un environnement numérique. De manière plus technique, la nature collaborative du droit d'auteur[47] applicable aux jeux vidéo a pour conséquence de créer une dissémination des droits d'auteurs sur un même jeu vidéo. De la sorte, les musiques et autres artifices qui constituent la complexité du jeu vidéo entraine un partage des droits de propriété intellectuelle sur une même œuvre multimédia ainsi qu'une attribution distincte des droits d'auteurs. Ainsi et à défaut d'une solution claire, en l'état actuel du droit, *« chacune des composantes du jeu vidéo est soumise au régime de droit d'auteur, applicable à sa nature. Ainsi, cohabite le régime de l'œuvre logicielle pour la composante logicielle du jeu, le régime de l'œuvre audiovisuelle pour les cinématiques, le régime de l'œuvre musicale pour la musique, aussi, le régime sui generis pour les bases de données »*[48].

Ce choix jurisprudentiel pose cependant un problème de prévisibilité dans la règlementation du jeu vidéo car, elle ne permet pas d'unifier les composantes du droit d'auteur, condition *sine qua non* de construction d'un droit spécialement applicable à l'e-sport. La doctrine relève ainsi que, « *le processus d'élaboration d'un jeu vidéo est différent selon chaque projet et qu'il est habituel qu'un même contributeur s'occupe de plusieurs tâches distinctes dans*

[47] Cf., articles L. 113-2 et L. 113-3 du Code de la propriété intellectuelle français.

[48] MADJID (D.), « Jeux vidéo et droit d'auteur », Article disponible en ligne : https://www.village-justice.com/articles/jeux-video-droit-auteur,34246.html#:~:text=Depuis%20 l'arr%C3%AAt%20du%207,droit% 20d'auteur%20demeure%20probl%C3%A9matique. (Consulté le 9 mai 2022).

le développement du jeu vidéo. Les professionnels du secteur ne seraient pas à l'abri d'une requalification par le juge ou d'un oubli comme d'une mauvaise cession contractuelle des droits d'auteur »[49]. De fait, le droit de la propriété intellectuelle du jeu vidéo est vecteur d'une insécurité juridique qui plombe le droit de l'e-sport dans les législations en étude.

La question du droit d'auteur dans les plateformes de *streaming* contribue également à freiner l'émergence d'un droit de l'e-sport en droits africains et français. En effet, pour qu'une réglementation de l'e-sport émerge en droits français et africains, il faudrait résoudre la difficulté liée au droit d'auteur dans les plateformes de *streaming* telles que *Youtube, Deezer*, *Spotify, Instagram* ou encore *Facebook.* Ces plateformes permettent de rapidement accéder et en grand nombre aux compétitions e-sportives en direct. En effet, les activités e-sportives se déroulent généralement en direct ou en *live stream* ce qui permet aux internautes d'accéder aux compétitions de jeu vidéo en direct dans des plateformes numériques. En fait, le fait de diffuser une œuvre de l'esprit à la radio ou à la télévision donne droit au payement des droits d'auteur sur les œuvres diffusées[50]. Ce principe est unanimement admis en droits africains[51] et français. De fait, par ce que le jeu vidéo est une composante de l'œuvre multimédia en droit français et de l'œuvre audiovisuelle dans les droits africains, il se pose la question de l'identification de la personne qui doit supporter le payement des droits d'auteur puisque l'évènement est diffusé en live sur internet.

De manière spécifique et en application du principe de la collaboration[52], il doit donc être préservé durant les

---

[49] *Ibid.*

[50] L'article L111-1 du Code français de la propriété intellectuelle définit notamment ce que recouvre le droit d'auteur : « L'auteur d'une œuvre de l'esprit jouit sur cette œuvre, du seul fait de sa création, d'un droit de propriété incorporelle exclusif et opposable à tous. Ce droit comporte des attributs d'ordre intellectuel et moral, ainsi que des attributs d'ordre patrimonial (…) ».

[51] Cf., par exemple, art. 4 Loi N° 1187, du 29 juillet 1987 instituant la protection du droit d'auteur et des droits voisins au Gabon.

[52] Selon l'article 23 de la loi sénégalaise sur le droit d'auteur précitée « Est dite de collaboration l'œuvre dont la réalisation est issue du concours de deux ou plusieurs auteurs indépendamment du fait que cette œuvre constitue un ensemble indivisible ou qu'elle se compose de parties ayant un caractère de création autonome ». Selon l'article 24 de la même loi, « 1) Les droits patrimoniaux

compétitions e-sportives une variété de droits d'auteur notamment le droit à l'image des joueurs des compétitions de jeu vidéo, le droit de l'œuvre musicale ainsi que toute initiative qui relève des œuvres de l'esprit. Ainsi, selon l'article 226-1 du Code pénal français, « *Est puni d'un an d'emprisonnement et de 45 000 euros d'amende le fait, au moyen d'un procédé quelconque, volontairement de porter atteinte à l'intimité de la vie privée d'autrui : 1° En captant, enregistrant ou transmettant, sans le consentement de leur auteur, des paroles prononcées à titre privé ou confidentiel ; 2° En fixant, enregistrant ou transmettant, sans le consentement de celle-ci, l'image d'une personne se trouvant dans un lieu privé. Lorsque les actes mentionnés au présent article ont été accomplis au vu et au su des intéressés sans qu'ils s'y soient opposés, alors qu'ils étaient en mesure de le faire, le consentement de ceux-ci est présumé* ». En droits africains, ces protections particulières du droit à l'image existent également[53].

Il est établi depuis longtemps, l'existence des modes de payement qui permettent de rémunérer les artistes dont les œuvres sont diffusées dans certaines plateformes numériques telles que *Youtube*. On entend ainsi dire que pour un million de vues, l'artiste gagne 440 euros[54]. Mais à côté de ce cas spécifique, nous nous intéressons à la question particulière de la diffusion d'un *show* en direct sur internet dans des plateformes qui ne prévoient pas un cadre de monétisation malgré le nombre de vue. Bien évidemment dans le cas particulier des droits africains, il n'existe pas encore une législation

et le droit moral sur l'œuvre de collaboration sont indivis entre tous les coauteurs. 2) Ceux-ci doivent les exercer d'un commun accord. 3) En cas de désaccord, il appartiendra au tribunal de statuer. 4) Chacun des coauteurs reste libre de poursuivre en son nom et sans l'intervention des autres l'atteinte qui serait portée aux droits patrimoniaux ou au droit moral et de réclamer des dommages et intérêts pour sa participation ». cf., également art. 38 de la relative au droit d'auteur en Côte d'Ivoire Précitée.

[53] En droit Gabonais par exemple, l'article 9 du Code de la Communication dispose que « « L'auteur de toute œuvre originale de l'esprit notamment d'une œuvre audiovisuelle, écrite, numérique ou cinématographique jouit sur cette œuvre du seul fait de sa création, d'un droit de propriété intellectuelle exclusif et opposable à tous ».

[54] Cf., REMISSE (S.), « La notion de droit d'auteur face à l'essor de la scène digitale », article disponible sur, https://mbamci.com/droit-dauteur-face-lessor-scene-digitale/ (consulté le 9 mai 2022).

spécifique sur le droit d'auteur applicable à la diffusion en direct d'un *show* sur internet à l'exemple d'une compétition e-sportive. En droit français cependant, sous le prétexte de la lutte contre le COVID 19, la SACEM[55], société de droit d'auteur française a pris l'initiative d'informer ses adhérents qu'une rémunération exceptionnelle de droits d'auteur sera attribuée aux artistes ayant proposés sur internet des concerts, *DJ sets* ou *sketches* durant cette période de confinement. Elle a mis en place des accords avec de nombreuses plateformes tels que *Youtube, Facebook* et *Instagram* en effectuant une collecte afin de pouvoir rémunérer les *live streams* des adhérents de la SACEM. Ainsi, tout artiste justifiant d'un minimum de mille vues peut ainsi bénéficier du payement de ses droits d'auteur. La SACEM a d'ailleurs mis en place une grille tarifaire qui permet effectivement de satisfaire à ce besoin. La difficulté avec cette solution en droit français est qu'elle est ponctuelle puisqu'elle intervient dans un cadre précis. Les spectacles classiques ne peuvent être organisés avec l'étrange règle de la distanciation sociale anti Covid 19. En droits africains, le fragile développement technologique et la faiblesse des moyens à la disposition des maisons des droits d'auteur rendent cette solution hypothétique. De fait, il n'est donc pas permis d'attendre une quelconque rémunération, au titre des droits d'auteurs sur les compétitions de jeu vidéo diffusées en *live*. Suivant ce fait, le droit de l'e-sport est donc limité car en l'état actuel de la règlementation, organiser une activité de sport électronique entraine de fait une violation massive du droit d'auteur. Cependant, la question mérite d'être abordée avec beaucoup d'intérêt car elle révèle l'échec des droits africains et français.

b. La complexité de la définition d'un droit applicable à l'e-sport

Par ce que la pratique de l'e-sport se déroule dans un univers numérique, il devient difficile de la rattacher à un droit spécifique. De même, il convient de prendre en compte également quelques spécificités liées à la saine pratique de la concurrence et au respect des droits fondamentaux pour mieux comprendre le blocage du droit de l'e-sport dans les règlementations françaises et africaines.

[55] Société des auteurs, compositeurs et éditeurs de musique (SACEM).

Les difficultés d'application de la loi en cas de conflit sont quotidiennement abordées par les juristes[56]. Dans le cas de la pratique du jeu vidéo en compétition, ce qu'il faut relever c'est la complexité de la détermination du droit applicable lorsque la compétition sportive se déroule dans des plateformes électroniques et diffusée dans le monde entier à travers le réseau internet. En effet, en dehors de quelques aspects spécifiques, les droits africains et français s'accordent sur un principe de territorialité puisque le législateur ne peut pas règlementer les activités qui se déroulent sur le territoire d'un autre Etat. En fait, les activités e-sportives se déroulent dans les plateformes numériques et il devient difficile de les rattacher à un Etat. Bien plus, du fait de la facilité de la circulation de l'information qu'offre internet, la même compétition peut réunir des joueurs situés dans des pays différents ; ce qui entraine une diversité de droits applicables. Ainsi, non seulement l'e-sport fait interagir plusieurs branches du droit à savoir, le droit du sport, le droit du travail, le droit d'auteur, le droit de la consommation, le droit pénal… mais également ces divers droits appartiennent à des États différents sans possibilité de définir une législation commune. En fait, ce qui pose problème ici, c'est la différence de réglementation d'un pays à un autre ; chaque Etat devant protéger son ordre public. Il se pose donc le problème du choix de la loi applicable dans le domaine de l'e-sport dans les droits français et africains. Pays membre de l'Union Européenne et du Conseil de l'Europe, la France bénéficie d'un cadre juridique harmonisé portant indirectement sur divers aspects du sport électronique. Tel est notamment le cas avec la liberté d'internet[57], la protection et la promotion du droit à la liberté d'expression et du droit à la vie privée en lien avec la neutralité du réseau[58], la libre circulation transfrontière des informations sur internet[59], la protection des droits de l'homme

[56] Cf., par exemple, ZAMBO ZAMBO (D.J.), *Le droit applicable au Cameroun. Essai sur les conflits de lois dans le temps et dans l'espace*, thèse de Doctorat en droit, Université de Yaoundé 2, 2009.

[57] Recommandation CM/Rec(2016)5 sur la liberté d'internet.

[58] Recommandation CM/Rec (2016)1 sur la protection et la promotion du droit à la liberté d'expression et du droit à la vie privée en lien avec la neutralité du réseau

[59] Recommandation CM/Rec (2015)6 sur la libre circulation transfrontière des informations sur internet

dans le contexte des moteurs de recherche[60], la protection des droits de l'homme dans le cadre des services de réseaux sociaux[61], la protection des personnes à l'égard du traitement automatisé des données à caractère personnel dans le cadre du profilage[62]. Ainsi, la Directive Service de Médias Audiovisuels (Directive SMAV)[63] vise à l'application de dispositions spécifiques aux services de radiodiffusion télévisuelle de vidéo à la demande. La Directive relative au commerce électronique[64]quant à elle englobe quasiment tout le reste, y compris, notamment, les plateformes de partage de vidéos et les médias sociaux[65]. Ces directives visent toutes deux à contribuer au bon fonctionnement du marché intérieur en assurant la libre circulation des services entre les États membres.

Le principe du pays d'origine consacré par ces deux directives permet de garantir que tout service de médias audiovisuels en provenance d'un fournisseur établi dans un Etat circule librement dans les autres États membres, sans qu'aucune autorisation supplémentaire ne soit requise et sans que le service en question soit soumis à la réglementation de ces autres États. Toute tentative de restreindre cette libre circulation irait à l'encontre de ce principe, tout comme l'application d'obligations supplémentaires aux fournisseurs à l'origine du contenu audiovisuel.

60 Recommandation CM/Rec (2012)3 sur la protection des droits de l'homme dans le contexte des moteurs de recherche

61 Recommandation CM/Rec (2012)4 sur la protection des droits de l'homme dans le cadre des services de réseaux sociaux

62 Recommandation CM/Rec (2010)13 sur la protection des personnes à l'égard du traitement automatisé des données à caractère personnel dans le cadre du profilage

63 Directive 2010/13/UE du Parlement européen et du Conseil du 10 mars 2010 visant à la coordination de certaines dispositions législatives, réglementaires et administratives des États membres relatives à la fourniture de services de médias audiovisuels (Directive Services de médias audiovisuels) (version codifiée), http://eur-lex.europa.eu/legal-content/FR/TXT/HTML/?uri=CELEX : 32010L0013&from=FR

64 Directive 2000/31/CE du Parlement européen et du Conseil du 8 juin 2000 relative à certains aspects juridiques des services de la société de l'information, et notamment du commerce électronique, dans le marché intérieur (Directive relative au commerce électronique), JO n° L 17/2000, http://eur-lex.europa.eu/legal-content/FR/TXT/HTML/?uri=CELEX:32000L0031&from=EN

65 Voir CABRERA BLAZQUEZ (F.J.), « Les plateformes de contenus générés par l'utilisateur et le droit d'auteur », *IRIS Plus*, Observatoire européen de l'audiovisuel, Strasbourg, 2008, https://rm.coe.int/16807833fb

À l'inverse, en vertu du principe du pays de destination, il revient à l'État dans lequel les services sont fournis de déterminer quelles dispositions leur sont applicables et quels organismes compétents sont chargés de veiller au respect de la mise en œuvre de ces dispositions[66]. Ainsi, concernant par exemple la question du droit d'auteur dérivant des plateformes vidéo, l'on retient qu'en cas de survenance d'une infraction, l'État membre compétent est le pays dans lequel les services sont fournis, tandis qu'en cas de problèmes liés aux contenus, l'État membre d'établissement peut intervenir.

Même si ces réglementations ne portent pas spécifiquement sur l'e-sport, elles permettent déjà cependant de trouver des solutions du droit applicable en ce qui concerne la diffusion des compétitions d'e-sport sur les plateformes numériques. Ainsi, puisqu'elles sont communautaires, ces règlementations ont l'avantage de l'unité même comme il faut relever qu'elles ne s'appliquent pas toujours de la même façon dans tous les pays membres. La diversité des lois est donc substituée à une harmonisation qui permet d'avoir une réglementation unique sur l'épisode numérique des questions de l'e-sport.

En droits africains, la diversité des lois applicables dans le domaine du numérique croise le fer avec un vide juridique communautaire persistant. En effet, chaque État détient sa propre règlementation du numérique et du sport et il n'existe pas au niveau communautaire un instrument juridique de régulation des compétences. Par ailleurs, à la différence de l'Union européenne, le continent africain est segmenté en plusieurs zones d'intégration économique et normative sans possibilité de communication entre elles ; ce qui a pour conséquence de créer un *« flou du droit »*[67] comparable à un « *maquis* »[68] législatif à l'image d'une *« foret…touffue et d'accès difficile »*[69]. En outre, il convient de relever que dans l'ensemble, les pays africains en étude ne détiennent

[66] Rapport, Iris Plus, « Le cadre juridique relatif aux plateformes de partage de vidéos », *Observatoire Européen de l'audiovisuel*, 2018, p.42.

[67] Cf. DELMAS-MARTY (M.), *Le flou du droit (Du code pénal aux droits de l'Homme),* Paris, PUF/Quadrige, 2004, 388 p. Notons toutefois que le flou du droit selon cet auteur n'a pas la signification (négative ?) d'incertitude du droit comme dans notre acception.

pas de législations sur la gestion des contenus vidéo en ligne ou encore sur la responsabilité des plateformes de *streaming.*

Il se pose également un problème lié au respect des droits fondamentaux dans les plateformes de streaming et qui a directement un impact sur le droit de l'e-sport. En effet, la question des droits fondamentaux est au centre des activités sportives[70] et on s'accorde même à reconnaitre que le respect des droits de l'homme permet de crédibiliser les compétitions sportives. Ainsi, que ce soit en Afrique ou en France, la protection des droits fondamentaux est une exigence que doit remplir toute activité sportive. Dans ce contexte, le droit de l'e-sport est appelé à se plier à l'exigence du respect des droits fondamentaux. Du fait que les activités d'e-sport se déroulent dans un environnement immatériel et sont diffusées dans des plateformes digitales, la garantie des droits fondamentaux se heurte à plusieurs difficultés. En effet, les contenus audiovisuels transmis par le biais des plateformes de partage vidéo et des médias sociaux élargissent les sources d'information et de divertissement pour les utilisateurs afin d'inclure tous les contenus qui correspondent à leurs préférences, en s'appuyant dans une large mesure sur des systèmes complexes de processus de décision automatisés basés sur des algorithmes qui filtrent le contenu afin de personnaliser les recommandations aux utilisateurs. Les algorithmes facilitent la collecte, le traitement et la réutilisation de grandes quantités de données et d'images. Ils sont utilisés pour le suivi et le profilage en ligne de personnes dont les habitudes de navigation sont enregistrées par des « *cookies* »[71] et des technologies similaires telles que les empreintes numériques, et agrégées à des requêtes de recherche. Les

[68] Cf., NGOMO (A.-F.), *Du droit des sociétés commerciales au Cameroun*, Yaoundé, PUA, 1re éd., 1996, n° 9.

[69] POUGOUE (P.-G.), « Préface » in NGOMO (A.-F.), *Du droit des sociétés commerciales au Cameroun*, Yaoundé, PUA, 1re éd., 1996.

[70] Cf., BANDOLO (F.X.), « Les droits fondamentaux du mineur sportif au Cameroun », *Revue Africaine de droit et économie du sport,* Vol.,2 N° 3, Juillet-décembre 2021.

[71] Les cookies sont des « petits programmes espions ». Les cookies sont une technique de collecte sur le web, ce sont de petits fichiers émis par le serveur consulté et enregistrés sur le disque dur du consommateur, qui permettent au responsable du serveur d'enregistrer les précédentes consultations, par ce consommateur, de son site. Cf., PANSIER (F-J.) et JEZ (E.), *L'initiation à l'Internet juridique*, Paris, Litec, 1998, p.72.

données de comportement sont en outre traitées à partir d'appareils intelligents, comme les appareils de géolocalisation et autres capteurs via les applications mobiles, soulevant des défis croissants pour la vie privée et la protection des données personnelles.

La difficulté que nous décrivons porte sur l'opacité et l'imprévisibilité des algorithmes utilisés dans le paramétrage et la diffusion des compétitions d'e-sport. En fait, ces divers algorithmes recueillent une quantité intéressante des données à caractère privé et il n'existe pas de moyens permettant aux amateurs d'e-sport de contrôler l'usage de leurs données personnelles. De plus, les règlementations existantes[72] ne permettent pas de vérifier avec transparence, l'utilisation des données[73] des amateurs et autres acteurs de l'e-sport dans les plateformes numériques. Il se pose ainsi le problème de la protection de la vie privée[74] et des données à caractère personnel[75] ainsi que l'ensemble des

[72] Pour la zone CEMAC, cf., Directive Harmonisation de la Protection des Consommateurs au sein de la CEMAC. Selon l'article 2 de ce texte « les données personnelles sont « Toute information relative à une personne physique identifiée ou identifiable, directement ou indirectement, notamment par référence à un numéro d'identification ou à un ou plusieurs facteurs propres à son identité physique, physiologique, mentale, économique, culturelle ou sociale » ; Directive n° 07/08-UEAC-133-CM-18 fixant le Cadre juridique de la protection des droits des utilisateurs de réseaux et de services de communications électroniques. cf., également dans le cas du Cameroun, la loi N° 2010/012 du 21 décembre 2010 relative à la Cybersécurité et à la Cybercriminalité au Cameroun ; la loi n° 2010-013 du 21 décembre 2010 (modifiée par la loi 2015-06 du 20 avril 2015) régissant les communications électroniques au Cameroun et de la L. n° 2010-021 du 21 décembre 2010 régissant le commerce électronique au Cameroun.

[73] Pour une étude sur la protection des données à caractère personnel et la vie privée sur internet, cf., TROUSSEAU (M.-P.F.) et HAAS (G.), *Internet et protection des données personnelles*, Paris, Litec, 2000 ; KOUAHOU (Y.L.), *La mise en œuvre de la société de l'information au Cameroun : enjeux et perspectives au regard de l'évolution française et européenne*, Thèse de doctorat en droit privé, option nouvelles technologies et droit, Université de Montpellier 1, 2010, n° 1258. Cité par TCHABO SONTANG (H. M.), « Le droit à la vie privée à l'ère des TIC au Cameroun », *La Revue des droits de l'homme* [En ligne], 17 | 2020, mis en ligne le 13 janvier 2020, consulté le 12 mai 2022. URL : http://journals.openedition.org/revdh/7975.

[74] Le 10 janvier 2017, la Commission européenne a adopté une proposition de règlement relatif au respect de la vie privée et à la protection des données à caractère personnel dans les communications électroniques (Règlement « Vie privée et communications électroniques »). Le règlement proposé est le fruit d'une révision de la Directive « Vie privée et communications électroniques » (2002/58/EC) annoncée dans la Stratégie pour un marché unique numérique de la Commission européenne.

[75] Dans le cas de France, Cf., art. 7 et 8 de la Charte des droits fondamentaux de l'Union Européenne. Cf., http://eur-lex.europa.eu/legal-content/FR/TXT/HTML/?uri=CELEX:12012P/

éléments concourants à la dignité des personnes impliquées dans le fonctionnement des activités e-sportives. Le traitement de ces données doit être réalisé de manière équitable, à des fins spécifiques et sur la base du consentement[76] de la personne concernée, ou en vertu d'un autre fondement légitime prévu par la loi. En effet, comment contrôler les algorithmes servant de base aux activités d'e-sport et surtout comment surveiller leur bon usage dans le respect des droits des participants, supporters, joueurs et autres acteurs du sport électronique. Aucune plateforme numérique n'indique vraiment l'usage qui sera fait des *cookies* dans le cadre des activités e-sportives, notamment « *si ces cookies permettent par la suite de créer des fichiers contenant des informations nominatives sur les personnes qui se connectent à ces sites étant entendu que ce procédé contient parfois des logiciels espions qui envoient, à l'insu des consommateurs, des informations sur leur utilisation du logiciel à leur concepteur, lui permettant d'optimiser les bases de données commerciales et d'établir des profils* »[77]. Etant entendu que les compétitions d'e-sport regroupent des milliers de personnes, c'est l'occasion idéale pour les algorithmes organisant la compétition e-sportive d'entrer en collision avec les droits fondamentaux qui, à l'occasion ne peuvent *être* exigibles faute de preuve de leur violation ou de l'ignorance des titulaires de ces droits.

De plus, les plateformes de partage et diffusion des compétitions d'e-sport disposent d'un pouvoir de censure qui leur permet de filtrer les contenus à diffuser. C'est ainsi que sur une base subjective, faute de lois

---

TXT&from=EN. Voir également, Règlement (UE) 2016/679 du Parlement européen et du Conseil du 27 avril 2016 relatif à la protection des personnes physiques à l'égard du traitement des données à caractère personnel et à la libre circulation de ces données (RGPD), et abrogeant la Directive 95/46/CE (Règlement général relatif à la protection des données), texte présentant de l'intérêt pour l'EEE,

[76] Le consentement de la personne concernée, qui est un élément fondamental des dispositions du RGPD, est défini comme « *toute manifestation de volonté, libre, spécifique, éclairée et univoque par laquelle la personne concernée accepte, par une déclaration ou par un acte positif clair, que des données à caractère personnel la concernant fassent l'objet d'un traitement* » (article 4(11) du RGPD).

[77] MAJILO (L.J.), « La protection des données personnelles du cyberconsommateur par le droit des technologies de l'information et de la communication de la CEMAC », *International Multilingual Journal of Science and Technology (IMJST),* Vol. 6 Issue 10, October – 2021, p.4401.

et de traçabilité, certains contenus sont supprimés parce qu'ils regorgent des contenus violents ou illicites. Ainsi, si les décisions des pouvoirs publics font l'objet d'un contrôle de constitutionnalité, on ne saurait poursuivre *Youtube, Facebook*, organes privés, devant la juridiction constitutionnelle au motif que la décision de censure est inconstitutionnelle[78]. Faute de trouver un mécanisme de contrôle des décisions des bases de données et plateformes numérique, les activités d'e-sport risquent de se transformer en des lieux de censure des libertés reconnues à toute personne humaine.

On ne peut donc que se contenter d'en appeler aux bonnes pratiques, au respect des normes éthiques[79] et à la responsabilité des opérateurs des plateformes pouvant abriter les compétitions e-sportives.

B. La construction différenciée du régime juridique de l'e-sport

Il existe une différence dans la construction et le contenu du régime juridique de l'e-sport en droits français et africains. En droit français, il existe un début de construction d'un régime juridique spécial qui reste cependant inachevé (1). Dans les droits africains, on fait recours au droit commun malgré son inadaptation aux activités e-sportives (2).

1. La construction inachevée d'un régime juridique spécifique en droit français

En droit français, il existe déjà des règles applicables aux activités des jeux vidéo en compétitions (a). Ce mécanisme incomplet soulève cependant des difficultés spécifiques qu'il convient de relever (b).

a. Le contenu du régime juridique de l'e-sport en droit français

Le droit applicable aux activités e-sportives contient notamment les droits des joueurs ainsi que les règles d'organisation des compétitions e-sportives. En droit français, le joueur de jeu vidéo en compétition est défini comme *« Toute personne ayant pour activité rémunérée la participation à des compétitions*

[78] Cf., MATHIEU (B.) et VERPEAUX (M.), *Contentieux constitutionnel des droits fondamentaux*, L.G.D.J., 2002.

[79] GARNIER (F.), « Solutions concrètes pour un business éthique sur Internet », p.2, Disponible sur : http://www.droit-technologie.org.

de jeu vidéo dans un lien de subordination juridique avec une association ou une société bénéficiant d'un agrément du ministre chargé du numérique [...] »[80]. En examinant de prêt cette disposition, il apparait que pour être protégé, le joueur d'e-sport doit pratiquer ces activités à titre de profession habituelle, il doit en outre être placé sous la subordination d'une association e-sportive reconnue[81] en qualité d'employeur et enfin le joueur d'e-sport doit en percevoir une rémunération. Le *pro-gamer* est donc assimilé en droit français à un salarié. En effet, la formalisation de la relation de travail du joueur d'e-sport commence par l'identification de l'existence d'un contrat de travail[82] e-sportif. La relation individuelle de travail se fonde sur le contrat de travail qui constitue le support du rapport d'emploi qui se noue entre l'employeur et le salarié[83] joueur professionnel de jeu vidéo. Le contrat de travail du *pro-gamer* est ainsi un contrat particulier puisqu'il appelle à la recherche de certains critères permettant d'en déduire l'existence et d'en déterminer le régime applicable. Le contrat de travail n'ayant pas de définition claire, la doctrine et la jurisprudence ont pallié cette insuffisance et défini ce contrat comme la réalisation d'une prestation de travail subordonnée pour le compte d'autrui moyennant une rémunération[84]. Outre son existence, la relation de travail de l'e-joueur peut également être exécutée au même titre qu'une relation de travail traditionnelle. En effet, la généralisation des technologies de l'information et de la communication permet de travailler

[80] Art. 102 de la Loi pour une République numérique de 2016.

[81] Sur les conditions d'octroi de l'agrément, cf., art. 5 du Décret n° 2017-872 du 9 mai 2017 relatif au statut des joueurs professionnels salariés de jeux vidéo compétitifs. Plusieurs associations françaises de e-sport ont déjà obtenu leur agrément : *Team LDLC, GamersOrigin, l'Olympique Lyonnais, le LOSC, Team Vitality, EsportAero Association (Airbus pour OOB Team), Stade Rennais Football Club, Team MCES et TIDES (ROG Esport).*

[82] CORNU (G.), MALINVAUD (P.) et Association Henri Capitant, *Vocabulaire juridique*, Quadrige., Paris, Presses universitaires de France, 2011, p. 844.

[83] « *L'existence d'une relation de travail ne dépend ni de la volonté exprimée par les parties ni de la dénomination qu'elles ont donnée à leur convention mais des conditions de fait dans lesquelles est exercée l'activité des travailleurs* ».Cass. soc., 19 déc. 2000, pourvoi n°98-40.572, Bull. civ., V, n° 437.

[84] COLLET-THIRY (N.), *L'encadrement contractuel de la subordination*, Thèse de doctorat, Université Panthéon-Assas Paris II, 2012, p. 29.

n'importe quand et en tout lieu. *« La métamorphose du travail humain, qui met les ressources de la pensée en exergue, ajoute des questions nouvelles qui peuvent inviter à s'intéresser à ces modalités »*[85]. En fait, en guise d'exécution de la relation de travail e-sportive, le numérique offre à la relation de travail, une nouvelle manière de travailler caractérisée par un nouvel espace de travail ainsi que de nouvelles modalités d'exécution du contrat de travail. L'espace-temps[86] est numérique et le lieu de travail est désarticulé. L'activité de travail se déroule dans un espace (lieu, poste de travail, bureau, déplacements...) et une temporalité (durée, horaires, congés, astreinte...). De là, il apparait que le joueur d'e-sport bénéficie de la protection accordée à tout travailleur en droit français même comme son contrat de travail revêt quelques spécificités.

Depuis 2017, la loi pour une République numérique fait du contrat de travail à durée déterminée la norme en ce qui concerne les activités d'e-sport. La solution adoptée par le législateur permet d'adapter la spécificité des activités e-sportives, qui sont principalement des activités saisonnières, au contrat de travail qui leur est applicable. Cette approche permet également aux joueurs de bénéficier de la sécurité sociale ainsi que de la sécurité juridique dans l'exercice de leur profession. Le contrat de travail du *pro-gamer* doit être au minimum d'une durée de 12 mois[87] et de 5 ans au maximum et renouvelable autant de fois sauf dérogation. Enfin, le non-respect de ces règles est puni d'une amende 3 750 euros, la récidive est punie de 6 mois d'emprisonnement ainsi que de 7 500 euros d'amende.

Outre le statut protecteur du *gamer* professionnel, le droit français règlemente également l'organisation des compétitions e-sportives. Compte tenu de la vulnérabilité de leur personne, le droit français pose comme préalable l'interdiction pour les mineurs de moins de 12 ans de participer aux compétitions e-sportives[88]. Concernant les modal-

[85] BOUCHET (H.), « La surveillance numérique au travail », *Hermès, La Revue*, no 53, 26 octobre 2013, p. 85.

[86] CANUT (F.), « Temps de travail : le nouvel ordonnancement juridique », *Dr. soc.*, 2010, p. 379.

[87] Art. 9 du décret n° 2017-872 du 9 mai 2017 relatif au statut des joueurs professionnels salariés de jeux vidéo compétitifs.

[88] Les mineurs de 12 à 17 ans doivent justifier d'une autorisation parentale.

ités d'organisation des compétions e-sportives, la loi exige le respect de certaines conditions pour assurer la légalité de ces compétitions. Ainsi, en ce qui concerne les compétitions physiques, les organisateurs sont tenus de déclarer l'organisation de l'évènement au ministère de l'Intérieur en remplissant un formulaire en ligne[89]. La déclaration doit être effectuée au plus tard un mois avant la compétition sous peine d'une contravention de quatrième classe. En outre, les organisateurs peuvent demander des frais de participation aux joueurs. Toutefois, leur montant total ne doit pas dépasser le coût d'organisation de l'évènement. Pour les tournois en ligne, il est interdit de demander des frais de participation aux joueurs ; de plus, les organisateurs de l'évènement sont dispensés de l'obligation déclarative. Pour les compétitions hybrides, la phase en ligne de la compétition est soumise aux conditions relatives aux tournois *onlines*. Quant à la partie physique, les règles régissant les compétitions e-sportives dans un lieu physique s'appliquent.

b. La contestabilité du régime juridique consacré

Malgré sa volonté de réglementer l'e-sport, le droit français reste limité sur deux points. Il s'agit d'abord du caractère discutable du droit consacré et ensuite de l'étendu des questions non abordées. Le droit applicable à la relation de travail du *pro-gamer* en France est discutable. En effet, en dehors des règles spécifiques qui viennent d'être rappelées, c'est le droit commun du travail qui s'applique au contrat de travail du joueur d'e-sport. Tel est notamment le cas des horaires de travail applicables à la relation de travail du *pro-gamer*. En effet, le droit français actuel impose au salarié un nombre d'heures de travail qui n'est pas adapté à la relation de travail e-sportive. Le *pro-gamer* a besoin de plus de temps de travail à cause de la décentralisation et de la matérialisation de son environnement de travail. De plus, certaines compétitions exigent au *pro-gamer* de dépasser les quotas horaires prévus dans le Code du travail. Ainsi, il semble qu'à chaque nouvelle manière de travailler corre-

[89] Art. 1er du Décret n° 2017-871 du 9 mai 2017 relatif à l'organisation des compétitions de jeux vidéo.

spond une nouvelle articulation du temps[90] qui n'est malheureusement pas suivie en droit français[91]. Avec l'avènement du numérique, on est passé d'un temps objectif, attaché à une société « taylorienne », à un temps subjectif, issu du monde internet, c'est à dire un monde où le temps est difficilement mesurable.

De plus, le recours au contrat de travail ne cadre pas avec la pratique des activités e-sportives à cause de la subordination que celui-ci entraine. Dans la majorité des cas, les *gamers* sont des professionnels qui exercent leurs activités avec indépendance grâce à la création des structures de compétitions e-sportives. Il convient ainsi de trouver une forme contractuelle qui cadre avec cette indépendance. C'est ainsi que les e-joueurs ont de plus en plus recours au contrat de prestation de service. Celui-ci permet « *une meilleure précision dans la définition des obligations des parties, notamment leurs modalités d'exécution, les coûts et conditions de règlement, les responsabilités respectives, etc. Aux simples participations aux compétitions sportives peuvent également être envisagées des prestations annexes de représentation ou promotion de marques, de création et publication de contenus sur les réseaux sociaux, la cession de droits d'image et propriété intellectuelle sur d'éventuelles créations. Son adaptabilité permet enfin de préciser la fin de relation notamment en cas de modification de l'activité ou le manque de performance des joueurs »*[92].

Même s'il s'agit d'une forme sociale avantageuse pour les *gamers*, il convient cependant de relever que le recours à la formule indépendante de l'exercice des activités e-sportives fait perdre aux *gamers* les avantages tels que les cotisations retraites et l'assurance chômage qui restent attachés au contrat de travail. En plus, compte tenu de leur complexité et de l'influence du lien de subordination et de la dépendance économique,

[90] DAMHUIS (L.), « Les TIC changent-elles notre rapport au temps ? », *La lettre EMERIT*, n° 58, 2009, p. 1-5.

[91] GELINEAU-LARRIVET (G.), « Le temps et le droit du travail, brefs propos introductifs », *Dr. soc.*, n° 3, mars 2000, p. 238-240.

[92] CHOMIAC DE SAS (P.-X.), « Contrats esportifs. Analyse d'un fardeau nécessaire », Article publié sur le site internet GaminCampus : https://gamingcampus.fr/tomorrow-lab/esport/contrats-esportif-analyse-dun-fardeau-necessaire.html (consulté le 13 mai 2022).

ces contrats de prestation de service sont souvent requalifiés en contrat de travail. Il est également relevé la fragilité de l'usage d'un CDD spécifique car, celui-ci n'est en rien diffèrent avec le CDD standard dans la mesure où il peut être résilié ou renouvelé tous les ans.

De plus, malgré sa volonté de règlementer l'e-sport, le droit français n'aborde cependant pas toutes les problématiques liées à la pratique de cette activité. Tel est d'abord le cas avec la qualification juridique des compétitions d'e-sport en ligne. En effet, selon le droit actuel, les compétitions d'e-sport sont classées dans la catégorie des «*jeux d'argent et de hasard*» ce qui permet de rapprocher les activités e-sportives avec les activités interdites. De plus, cette qualification ne cadre pas avec l'e-sport qui comme nous l'avons déjà relevé est une activité sportive et non simplement ludique. La qualification actuelle dévalorise l'e-sport et rattache celui-ci à une catégorie qui ne traduit pas la réalité des activités e-sportives qui ne sauraient se résumer à l'argent et au hasard. Il s'agit de jeux bien articulés avec des règles précises et qui visent à promouvoir l'intégrité physique et mentale des e-joueurs.

Une autre problématique est liée aux mesures visant à faciliter la circulation des e-joueurs. En effet, en reconnaissant aux joueurs de jeux vidéo à titre professionnel la qualité de sportif, cela permettrait de faciliter l'obtention des visas permettant de recruter des joueurs de nationalité étrangère. Il convient également de reconnaitre à l'e-sport le caractère d'activité d'intérêt général. En effet, une telle reconnaissance permettrait de faciliter la mobilisation des fonds nécessaires pour financer le développement de cette variante de compétition. Enfin, il convient de traiter la question du droit d'auteur et surtout de reconnaitre l'e-sport comme un sport.

2. L'application inadaptée d'un régime juridique de droit commun en droits africains

À l'opposé du droit français, les divers droits africains ne disposent pas de règles juridiques spéciales applicables aux activités d'e-sport. De fait, il leur est appliqué le droit commun des matières impliquées dans l'organisation et le fonctionnement des compétitions d'e-sport. C'est ainsi que les Codes du travail des Etats vont s'appliquer pour caractériser la relation de travail entre le joueur d'e-sport et l'éventuelle association e-sportive. Mais, même si cette application du droit commun vise à combler les vides juridiques, elle soulève de sérieuses questions d'inadaptation des droits appliqués aux activités e-sportives. Ainsi, il n'existe pas de forme contractuelle précise pour l'e-sport et la question de la prise en compte de l'indépendance des e-joueurs dans la formalisation de leurs relations de travail n'est pas traitée. De même, le droit commun de la propriété intellectuelle va s'appliquer pour régir une activité numérique incomprise dans un contexte où la satisfaction des auteurs des œuvres de l'esprit classiques n'est pas résolue. En bref, le régime juridique africain est un fourre-tout inimaginable qui ne sert pas les intérêts de l'e-sport.

II. Une tendance divergente dans l'effectivité du droit de l'e-sport

Les droits africains et français applicables aux activités e-sportives montrent des signes de divergence en termes d'effectivité. L'effectivité permet de marquer le passage du texte pour la réalité concrète car « *le droit est fait pour être appliqué* »[93]. L'effectivité a ici une « *vocation pratique dans la mesure où elle vise à évaluer les degrés d'application du droit, à préciser les mécanismes de pénétration du droit dans la société* »[94]. Ainsi, la notion d'effectivité est dans ce cadre « *l'instrument conceptuel d'évaluation (du) degré de réception (de la norme), le moyen de mesurer des « écarts » entre pratique et droit* »[95]. Dans le domaine de l'e-sport, la recherche d'effectivité du droit permet de relever un encadrement mitigé des jeux électroniques dans les droits africains (A) tandis qu'en droit français, les activités e-sportives bénéficient d'un statut reconnu (B).

A. La réalisation mitigée de l'e-sport dans les droits africains

Dans les divers droits africains étudiés, les activités d'e-sport sont assimilées aux jeux d'argent (1) ce qui entraine un encadrement restreint au plan pénal (2).

---

[93] CARBONNIER (J.), *Droit et passion du droit sous la Ve République*, Flammarion, 1996, p. 20.

[94] RANGEON (F.), « Réflexions sur l'effectivité du droit », in *CURAPP*, *Les usages sociaux du droit*, PUF, 1989, p. 128.

[95] LASCOUMES (P.), SERVERIN (E.), « Théories et pratiques de l'effectivité du droit », *Droit et Société*, n° 2, 1986, p. 127.

1. L'assimilation de l'e-sport avec les jeux de hasard et de loterie

Les activités d'e-sport traitées dans les droits africains comme des activités de loterie. Il convient alors de rechercher les fondements de cette interdiction (a) avant d'examiner son incohérence (b).

a. Les fondements de l'assimilation

La loterie est définit comme « *un jeu qui entraine l'espérance d'un gain dû totalement ou partiellement à l'intervention du hasard* »[96]. Pour qu'un jeu puisse être qualifié de loterie, certaines conditions doivent être réunies notamment, la publicité du jeu, l'espérance de gain, le facteur du hasard et une participation onéreuse de la part du joueur. Selon le droit ivoirien, un jeu de hasard est un « jeu ou pari pour lequel un enjeu de nature quelconque est engagé, ayant pour conséquence soit la perte de l'enjeu par au moins un des joueurs ou des parieurs, soit le gain de quelque nature qu'il soit, au profit d'au moins un des joueurs, parieurs ou organisateurs du jeu ou du pari et pour lequel le hasard est un élément, même accessoire, pour le déroulement du jeu, la détermination du vainqueur ou la fixation du gain». la loterie quant à elle désigne une « *vente d'immeubles, de meubles ou de marchandises effectuée par la voie du tirage au sort ou à laquelle ont été attachées des primes ou autres bénéfices dus, même partiellement, au hasard* »[97]. Cette définition qui est reprise en droits camerounais[98], sénégalais[99], et autres droits en étude met en avant l'impossibilité de contrôler l'issu du jeu à cause de l'influence du hasard.

Concernant les activités d'e-sport, il faut d'abord comprendre que ce sont des jeux vidéo qui, dans l'ensemble s'accompagnent souvent d'une mise d'argent. En outre, l'exploitation des plateformes numériques n'enlève en rien la fonction de hasard qui est attaché à la loterie. En tenant compte de l'effet de célébrité qui est attaché à l'e-sport ainsi que du nombre de per-

[96] Cf., CALAIS-AULOY (J.), *Droit de la Consommation*, 8e éd., Dalloz, coll. Précis, 2010.

[97] Art. 1er de la Loi n° 2020-480 du 27 mai 2020 portant Régime juridique des jeux de hasard en Côte d'Ivoire.

[98] Cf., a loi n° 2015/012 du 16 juillet 2015 fixant le régime des jeux de divertissement, d'argent et de hasard.

[99] Art. 1er du cahier des charges de la Loterie nationale sénégalaise (LONASE) approuvé par Décret n° 2018-489 du 26 février 2018.

sonnes que ces plateformes attirent, la condition de publicité attachée aux jeux de loterie est satisfaite en plus du fait que les *gamers* pratiquent l'e-sport dans l'espoir d'un gain. De fait, il n'existe donc aucune différence entre un jeu de loterie ou d'argent et un jeu vidéo. L'assimilation est donc naturelle. Ainsi, l'e-sport remplit les fonctions de toute activité ludique, notamment la recréation, le loisir, l'expérimentation de nouvelles formes de divertissement, le délassement, la détente, l'amusement ainsi que le changement d'idées face au caractère angoissant de la vie. Si donc l'e-sport remplit toutes les conditions d'un jeu de hasard et qu'en outre, les fonctions qui lui sont reconnues sont similaires à celles des jeux d'argent, l'assimilation entre ces deux catégories des jeux devient naturelle[100].

b. L'incohérence de l'assimilation

La question à laquelle il convient de répondre est celle de savoir si l'e-sport est plus proche des jeux d'argent que du sport. En effet, il faut d'abord relever que si l'e-sport remplit les mêmes fonctions avec les jeux d'argent, cette pratique remplit également et de manière concomitante les fonctions de toute activité sportive. Ne dit-on pas souvent que le sport est avant tout un jeu ! Conformément aux droits africains[101], l'e-sport permet ainsi comme toute activité sportive de se divertir et d'améliorer la qualité de vie à travers les mises[102].

[100] À titre d'exemple, le jeu « *Hearthstone* » se trouve aujourd'hui parmi les jeux officiellement considérés comme e-sport. Développé et édité par l'un des géants du jeu vidéo, la société Blizzard Entertainment, le jeu se définit comme un jeu de cartes à collectionner en ligne ; deux joueurs s'affrontent en sélectionnant plusieurs paramètres pour ensuite se voir distribuer aléatoirement trente cartes pour disputer des batailles. Cet exemple d'e-sport est révélateur de plusieurs problématiques. La première concerne le facteur chance largement présent dans le jeu, générant une incompatibilité avec la notion traditionnelle de sport. La deuxième plus grave encore touche à la qualification d'e-sport un simple jeu de carte en ligne, ce qui encouragerait à proposer l'ensemble des jeux de cartes numérisés comme intégrant la catégorie potentielle d'e-sport. Ces deux éléments rapprochent immanquablement l'e-sport « *Hearthstone* » de la catégorie de jeux de hasard en ligne tel le poker ou le bridge. Dans le cas où une compétition impliquerait des sommes d'argent portant sur l'issue d'une partie, ce deviendrait sans doute un jeu d'argent et de hasard

[101] Cf., par exemple, art. 1er Charte du sport du Sénégal ; art. 2 de la loi portant organisation et promotions des activités physiques et sportives au Cameroun.

[102] SADER(J. P.),« Le jeu au 21e siècle - Distraction, loisir, antidépresseur, quête spirituelle ou « toutes ces réponses sont vraies »,*Communication présentée au Colloque de la Direction de santé publique de Montréal : Prévention dans les jeux de hasard et d'argent : Où en sommes-nous ?* Un colloque pour faire le point. Montréal, 2005.

Le sport constitue au même titre que l'e-sport un moyen d'éducation des acteurs. De même, tout comme le sport standard le e-sport entraine une implication physique et psychique du joueur et fonctionne selon des règles précises ce qui n'est pas le cas des jeux de hasard dont l'issue est basée sur le simple hasard[103]. Pour Baptiste BRANGET, « *l'e-Sport présente une dimension physique non négligeable bien que ce ne soit pas forcément celle qui est la plus remarquée, notamment parce qu'elle a moins d'impact sur des compétitions de moindre niveau. Mais l'endurance, la nécessité de conserver une concentration maximale pendant plusieurs heures sont des compétences indispensables à l'arsenal de l'e-Sportif de haut niveau. De plus, l'organisation des journées et du calendrier des cyber-athlètes ressemble fortement à celui des sportifs de haut-niveau. On va intensifier les entraînements à l'approche d'une échéance, se rassembler en « Gaming House », sur le modèle du « bootcamp » américain ou bien des rassemblements à Clairefontaine de l'équipe de France, afin de renforcer la cohésion de groupe. Les e-sportifs effectuent également un travail tactique très important, avec un travail sur la vidéo. Il y a également une hygiène de vie à respecter, notamment sur le rythme du sommeil et de l'alimentation, afin de prévenir des blessures qui peuvent apparaître au dos, aux mains et aux poignets notamment* » [104]. Il convient également de relever l'importance de l'acuité visuelle, de la capacité de réflexe mais notamment de la performance mentale et cérébrale dans les qualités nécessaires à un joueur de haut niveau.

Ces divers arguments sont notamment pris en compte par la jurisprudence. En effet, le Conseil d'Etat a pu se prononcer notamment sur la définition du sport par des décisions concernant le *bridge*[105], ou le *paintball*[106]. Selon ces deux arrêts, l'activité, pour être qualifiée de sportive, doit revêtir deux conditions : d'une part, elle nécessite une activité physique

---

[103] V°., HUIZINGA(J.),*Homo Ludens. Essai sur la fonction sociale du jeu.* Paris, Gallimard, 1938.

[104] Compte rendu de la Conférence sur le thème « Le e-sport est-il un sport comme les autres ? », 14 Juin 2017, p.8., disponible sur le site internet : https://files.stample.co/stample-1500381304628-Compte-Rendu-Conf%C3%A9rence-eSport.pdf. (Consulté le 15 mai 2022).

[105] CE, 26 juillet 2006, n° 285529, Fédération française de bridge

[106] CE, 13 avril 2005, n° 258190, Fédération française de paintball

et d'autre part, elle doit entraîner la pratique de la compétition de façon régulière. S'agissant du second arrêt, le Conseil d'Etat a énoncé que l'activité devait obéir à des règles bien définies[107]. Un arrêt du Conseil d'Etat rendu le 3 mars 2008[108]énonce que le caractère sportif d'une discipline « *repose sur un faisceau d'indices incluant la recherche de la performance physique, l'organisation régulière de compétitions et le caractère bien défini des règles applicables à la pratique de cette activité* ». Pour la doctrine, le sport doit être une activité ludique, physique et émotionnelle[109]. Cela signifie que le sport est un jeu qui nécessite une activité physique, mais doit également être assortie d'une réglementation afin de permettre l'organisation de compétitions, la réglementation visant à départager les concurrents et à encadrer les activités.

Il convient également de préciser que toutes les activités sportives ne visent pas spécifiquement le renforcement physique des athlètes. Tel est notamment le cas avec les compétitions handisports qui ne visent pas à renforcer la condition physique des pratiquants, comme par exemple les compétitions de sarbacane. Le sport se caractérise également par une *« intention de sport »*[110], c'est-à-dire la pleine conscience par son auteur de pratiquer une activité sportive. On ne pratique donc pas l'e-sport par surprise. Enfin, les activités sportives professionnelles attirent le monde et l'organisation des compétitions entraine l'implication des acteurs tels que les sponsors, les arbitres, les joueurs, les associations e-sportives ainsi que toute la chaine publicitaire. Les jeux de hasard ne remplissent pas ces conditionnalités et on ne saurait donc les rapprocher des activités e-sportives. En tenant compte de ces divers éléments, il apparait que l'e-sport est plus proche du sport traditionnel que des jeux d'argent ce qui entraine l'incohérence de l'assimilation.

[107] MARMAYOU (J.-M.), «Une définition juridique du sport», *Lamy droit du sport*, 2006, n° 39 [108] CE, 3 mars 2008, n° 308568, Fédérations des activités aquatiques d'éveil et de loisir, AJDA 2008, p. 1219, note M. TOUZEIL-DIVINA

[109] BUY (F.), MMARMAYOU (J. M.), PORACCHIA (D.), RIZZO (F.), *Droit du Sport*, LGDJ, 2012 3ème ed., p. 21.

[110] Cf., art. 2 de la Charte Européenne du sport.

2. Le traitement pénal acceptable des activités de l'e-sport

Parce qu'il s'agit d'une pratique assimilée aux jeux d'argent et faute d'une règlementation spécifique, l'e-sport connait des restrictions sur le plan pénal (a). Ce choix des droits africains a cependant des avantages et des inconvénients qu'il convient d'apprécier (b).

a. La subordination de la pratique du jeu vidéo à une autorisation administrative

Les droits pénaux africains conditionnent la pratique du jeu vidéo en compétition à la justification d'une autorisation administrative. Suivant cette démarche, les activités de jeu de hasard sont interdites lorsqu'elles n'ont pas été autorisées par l'autorité administrative. L'interdiction est justifiée par des arguments religieux car on estime encore en Afrique que pratiquer la loterie c'est ne pas faire confiance à Dieu[111]. Mais de manière décisive, les jeux de hasard et l'e-sport sont prohibés à cause de leur nocivité sur la jeunesse et les pratiquants. Ainsi, parce qu'il s'agit avant tout des plateformes de loisir et de récréation, les séances d'e-sport sont en principe interdites au nom du droit à l'éducation qui est ainsi menacé. De plus, dans des pays où on a besoin de main d'œuvre pour assurer le développement économique des États, on a encore du mal à admettre des pratiques de jouissance. Enfin, dans le cas particulier de l'e-sport, on a du mal à comprendre comment ces compétitions peuvent participer au bien-être physique et psychique des pratiquants étant entendu qu'il n'est pas fourni un effort physique particulier. Les activités d'e-sport, assimilées aux jeux de hasard rapprochent également la jeunesse du voyoutisme puisque cette catégorie d'activités ne produit que des individus inutiles pour la société. Il s'agit d'une bande de délinquant dont l'extrême maitrise de l'outil informatique commande nécessairement qu'ils soient impliqués dans les actes de cyber criminalité, de blanchiment des capitaux[112] et d'autres actes criminels qui sont incompatibles avec le sport[113].

---

[111] Selon le saint Coran « O les croyants le Vin, le jeu de hasard, les pierres dressées, les flèches de divination ne sont qu'une domination, œuvre du diable. Écartez-vous en, afin que vous réussissiez » (Verset 219 de la sourate 2).

[112] Cf., art. 249-4 de la loi n° 2016/007 du 12 juillet 2016 portant Code pénal du Cameroun.

[113] Cf., BANDOLO (F.X.), « La corruption sportive en droit pénal et politique criminelle au Cameroun », *Revue Camerounaise de droit du sport,* Vol.2 N°02 Janvier-juin 2021.

En prenant en compte ces arguments, il est exigé une autorisation administrative pour pratiquer le jeu vidéo en compétition. La justification d'un agrément est liée à l'impératif du contrôle de la régularité et de la légalité du jeu dont la pratique est demandée en compétition. Il s'agit donc d'un moyen permettant à l'Etat de protéger son ordre public. Ainsi, en droit camerounais par exemple, est puni celui qui, sans contrat de concession, exerce la profession d'exploitant de casino, d'exploitant de loterie publique ou de paris[114]. Cette disposition qui est également reprise dans d'autres législations africaines pose le principe de l'interdiction sauf lorsque l'exploitant de jeu peut justifier d'un contrat de concession ou d'un agrément. De la sorte, l'e-sport peut être pratiqué de manière exceptionnelle moyennant une autorisation administrative. Suivant cette vision des droits africains, l'e-sport est assimilé au Casino ou au loto et ce qui est mis en avant c'est la dimension ludique et non sportive. Lorsque ces conditions légales ne sont pas respectées, l'intéressé est puni des peines d'emprisonnement et d'amende.

b. Appréciation du choix des droits africains

Contrairement au droit français, les droits africains encadrent l'exercice des jeux parmi lesquels on peut ranger l'e-sport. En effet, au lieu de prononcer une interdiction formelle, certains droits africains préfèrent délimiter le cadre d'action des jeux vidéo afin d'en extirper les ingrédients négatifs. C'est ainsi qu'il est exigé aux promoteurs de ces activités de justifier d'une autorisation administrative destinées à veiller aux conditions de respect de la légalité et des bonnes mœurs. Ainsi, même si la pratique des jeux électroniques n'est pas conforme aux mœurs, aux traditions et aux religions, on peut toujours les pratiquer à conditions de ne pas enfreindre les lois. Ainsi, le choix opéré par les pouvoirs publics vise à assurer la protection de l'ordre public mais également à préserver ce qui peut être de positif dans la pratique des jeux et de la loterie à savoir le divertissement, le gain ainsi que le développement de la dextérité attachée aux jeux vidéo.

Il convient cependant de relever que le choix opéré par les droits africains d'encadrer les jeux au lieu

[114] Cf., art. 249 de la loi n° 2016/007 du 12 juillet 2016 portant Code pénal du Cameroun.

de les interdire rapproche davantage l'e-sport des jeux de hasard que du sport traditionnel. Ainsi, s'il est facile d'organiser des compétitions d'e-sport, c'est davantage en tant que jeu d'argent que d'activités sportives. C'est ainsi que le contrat de concession et l'autorisation administrative ne sont pas délivrés par les Ministères du sport des Etats mais par ceux de la sécurité intérieure. Ce qui dénote du rattachement de l'e-sport sur le jeu et non sur le sport ce qui n'est pas le cas en droit français.

B. L'effectivité nuancée de l'e-sport en droit français

En droit français, il existe un principe général d'interdiction des jeux d'argent et de loterie (1) qui fait ombrage aux activités d'e-sport (2).

1. La formulation d'un principe d'interdiction des jeux

Le droit français s'illustre en matière de gestion des activités e-sportives par l'existence d'un principe d'interdiction des jeux d'argent. En effet, selon l'article L.322-1 du code de la sécurité intérieure « *les loteries de toute espèce sont prohibées* ». L'article L. 322-2 du même code prévoit que *« sont réputées loteries et interdites comme telles : [...] toutes opérations offertes au public, sous quelque dénomination que ce soit, pour faire naître l'espérance d'un gain qui serait dû, même partiellement, au hasard et pour lesquelles un sacrifice financier est exigé par l'opérateur de la part des participants. »*. L'article L. 322-2-1 précise que « *cette interdiction recouvre les jeux dont le fonctionnement repose sur le savoir-faire du joueur. Le sacrifice financier est établi dans les cas où l'organisateur exige une avance financière de la part des participants, même si un remboursement ultérieur est rendu possible par le règlement du jeu* ». Ces dispositions, récentes, ont été introduites par la loi du 17 mars 2014 relative à la consommation. Ainsi, pour retenir la qualification de jeu de loterie ou d'argent en droit français, l'activité doit faire une offre au public, faire naitre une espérance de gain, entrainer un sacrifice financier et être caractérisée par une dose plus ou moins déterminante de hasard. Cette dernière conditionnalité qui a souvent été à l'origine de débats a été retenue par la jurisprudence en ce qui concerne les jeux vidéo. Ainsi, il est désormais établi que les jeux vidéo détiennent une part de hasard qui justifie leur assimilation aux jeux d'argent[115].

2. Le détachement des jeux vidéo du domaine des jeux d'argent

À la différence des droits africains, le droit français n'assimile pas l'e-sport aux jeux d'argent. Ainsi, sans toutefois le rattacher aux pratiques sportives, l'e-sport ne constitue pas non plus en droit français une loterie ou un jeu de hasard[116]. En effet, selon le droit français, l'argument qui permet de différencier l'e-sport des jeux d'argent est constitué par le caractère compétitif de l'e-sport. En fait, l'e-sport n'est pas un simple jeu vidéo, mais il s'agit du jeu vidéo pratiqué dans le cadre d'une compétition. Mais le fait de l'admettre n'épuise cependant pas le débat car, quoi que pratiqué en compétition, le jeu vidéo continue de représenter les dangers qui justifient une régulation étatique[117]. C'est ainsi que pour éloigner définitivement l'e-sport du domaine des jeux d'argent, le droit français va opter pour un contrôle administratif de la pratique de l'e-sport. Ainsi, en plus d'être une pratique de jeu en compétition, la compétition d'e-sport doit être autorisée par l'autorité administrative afin de veiller à ce que la compétition projetée n'entraine pas les méfaits traditionnellement reconnus à toute activité ludique. En fait, pour obtenir l'agrément, les organisateurs devront présenter des garanties relatives à l'intégrité, la fiabilité et la transparence des compétitions, ainsi qu'à la protection des mineurs, la prévention des activités frauduleuses ou criminelles et des atteintes à la santé publique. Finalement, les activités d'e-sport qui échappent à l'assimilationnisme avec les jeux de hasard sont celles qui disposent d'un agrément de compétition.

Conclusion

Défini comme la pratique du jeu vidéo en compétition, l'e-sport consiste en un affrontement entre les e-joueurs dans les plateformes numériques. Véritable révolution

[115] Arrêt n° 82 du 28 janvier 2016 de la Cour d'appel de Paris, SARL GAMEDUELL GMBH. [116] PIGEON-BORMANS (A.), « Les jeux vidéo et le droit », 11 juillet 2008 : http://avocats-publishing.com/Les-jeuxvideo-et-le-droit.

[117] Cf., SALLES (R.), DURAIN (J.), « E-sport, la pratique compétitive du jeu vidéo », *Rapport intermédiaire*, mars 2016.

en France et dans certains pays africains, l'e-sport évolue cependant dans un cadre juridique ambigu. Continent particulièrement connu pour son sous-développement en infrastructures technologiques, l'Afrique se caractérise aussi par une inexistence d'une règlementation spécifique dans le domaine du sport électronique. Malgré la généralisation de la pratique dans le continent, on relève cependant une assimilation incohérence de l'e-sport avec les jeux d'argent, ce qui conduit à sa répression. En droit français par contre, le législateur qui a clairement montré sa volonté de règlementer cette activité refuse cependant de l'assimiler au sport traditionnel. Contrairement aux droits africains, le droit français encadre les compétitions e-sportives et reconnait aux e-joueurs un ensemble de droits spécifiques. Mais, même si le droit français reste avancé par rapport aux droits africains, la pratique de l'e-sport dans les deux contextes soulève des problématiques communes qui ne trouvent pas encore des réponses satisfaisantes dans les textes. Tel est notamment le cas des questions relatives au droit d'auteur dans les plateformes de *streaming,* à la protection des données personnelles et de la vie privée dans les compétitions e-sportives, la définition d'une forme contractuelle adaptée à l'e-sport ainsi que la reconnaissance de celui-ci comme un sport.

II. JURISPRUDENCE

CCA, SENTENCE DU 28 FÉVRIER 2013, AFFAIRE CAÏMAN FOOTBALL CLUB DE DOUALA C/ UNISPORT FOOTBALL CLUB DU HAUT-NKAM

Observations

Joseph Thierry KOUMENI TCHOUPE

Docteur/PhD en Droit privé
(Université de Maroua)

Football-match retour de demi-finale de coupe du Cameroun-agression physique d'un joueur et d'un dirigeant-jet de projectile sur le gardien – manquement à l'obligation de sécurité-responsabilité objective pour faute commise par les supporters - responsabilité délictuelle et quasi délictuelle ? Oui ! Annulation du match ? Non !

En décembre 1945, Georges Orwell, déclarait dans le journal britannique *La Tribune* que *« A un certain niveau, le sport n'a plus rien à voir avec le fair-play. Il met en jeu la haine, la jalousie, la forfanterie, le mépris de toutes les règles et le plaisir sadique que procure le spectacle de la violence : en d'autres termes, ce n'est plus qu'une guerre sans coups de feu »* [1]. Cette critique est d'une actualité criante aujourd'hui. La nature

[1] ORWELL (G.), « L'esprit sportif», La Tribune, 14 décembre 1945.

des troubles qui peuvent émailler un évènement sportif est bien connue entre autres : bagarres entre supporters des clubs opposés, que ce soit à l'intérieur ou à l'extérieur du stade ; le jet d'objets divers sur le terrain et sur les joueurs[2] ; l'envahissement de terrain ; utilisation de pointeurs laser ou d'objets sonores etc. Dans une telle situation, le club est globalement responsable des dommages causés au moins pour deux raisons : d'abord parce qu'il pèse sur lui une obligation de sécurité, ensuite en raison des difficultés à identifier et interpeller un supporter fauteur de trouble.

Cette exigence de la *lex sportiva* est l'objet majeur de la sentence ci-dessous rapportée dans l'affaire opposant Caïman Football Club de DOUALA C/ Unisport Football Club du Haut-Nkam.

Lors de la demi-finale allée qui s'était jouée en octobre 2012, après la victoire du Caïman Football Club, les supporters de l'Unisport avaient publiquement pris à parti l'entraineur principal du Caïman Club par des actes violents. Ayant eu des appréhensions pour la sécurité de leurs joueurs, les dirigeants de Caïman ont saisi le Secrétaire Général de la FECAFOOT pour lui proposer de veiller à la sécurité lors du match retour en prenant les mesures nécessaires.

Au cours de la demi-finale retour qui s'est tenue au Stade Municipal de Bafang, plusieurs incidents ont émaillé la bonne tenue de l'évènement sportif comme le craignaient les dirigeants de caïman de Douala : d'abord, à proximité du stade, le bus transportant les joueurs de Caïman football Club de Douala a été bloqué par les supporters d'Unisport du Haut-Nkam menaçant par la même occasion joueurs et dirigeants, ensuite l'agression physique d'un joueur et d'un dirigeant par les supporters d'Unisport du Haut-Nkam, enfin, le jet de projectile de tout genre sur le gardien de Caïman football Club de Douala tout au long de la rencontre. N'ayant pas eu la possibilité de formuler des réserves à la fin de la rencontre, Caïman football Club de Douala soumit tous ces faits à la con-

2 Voir avis cont. 29 oct. 2007 Société sportive professionnelle «Losc Lille métropole» n° 307736. Au d'une partie opposant le LOSC Lille Métropole au Football Club de Metz lors de la saison 2004/2005, un supporter lillois blessa au visage l'un des homologues messins par le jet d'un projectile. La commission de discipline de la LFP mis à la charge du club nordiste une amende de 5000 EUROS.

naissance de la commission Fédérale d'Homologation et de discipline de la FECAFOOT.

Cette dernière rendit la décision dont la teneur suit : *« homologation du match sur le score acquis sur le terrain, amende d'un (01) million de franc CFA infligée à Unisport Football Club du Haut-Nkam pour agression physique d'un dirigeant et d'un joueur par ses supporters non identifiés ; amende de 1 500 000 million infligée à Unisport Football Club du Haut-Nkam pour inobservations des dispositions relatives à la police de terrain ; versement au titre de dommage sportif, de la somme de 25 000 aux 33 supporters de Caïman de Douala qui se sont vus interdire l'accès au stade par les supporters d'Unisport du Haut-Nkam »*.

Insatisfait de cette décision, Caïman football Club de Douala la soumit à la censure de la Commission de Recours de la FECAFOOT. Cette dernière confirma la décision de la Commission d'Homologation et de discipline. C'est alors que Caïman football Club de Douala saisit la Chambre de Conciliation et d'Arbitrage du CNOSC d'une procédure d'arbitrage. Après avoir résolu les questions de forme, la CCA du CNOSC s'est appesantie sur le fond du droit. Dans les faits, Caïman football Club de Douala a formulé une demande basée sur deux prétentions : d'une part l'annulation du match de demi-finale de coupe du Cameroun l'ayant opposé à Unisport du Haut-Nkam, et d'autre part, la condamnation au paiement de dommages-intérêts d'un montant global de 55. 700. 000 FCFA. Face à ces demandes, le représentant de Unisport du Haut-Nkam, n'a pas produit de conclusion en réplique et les arbitres de la CCA ont par conséquent statué par défaut à son égard.

Le problème qui s'est posé aux arbitres de la CCA du CNOSC (Comité National Olympique et Sportif du Cameroun) portait sur la responsabilité délictuelle et quasi-délictuelle du club receveur en termes de sécurité lors de la réception d'un évènement sportif ainsi que sur les réparations civiles qui en découlent. Cette responsabilité est une transposition du droit des obligations civiles contractuelles au droit disciplinaire sportif de la notion d'obligation de résultat des clubs en matière de sécurité dans le déroulement des rencontres sportifs. Elle met à la charge du club receveur une responsabilité objective imaginée, au fil du temps, par les autorités sportives afin d'éradiquer les comportements violents tant avant, pendant qu'après le match.

Dans l'affaire commentée les juges n'ont pas eu de difficultés à établir la responsabilité d'Unisport du Haut-Nkam. Mais cette facilité apparente ne doit pas occulter le fait que la mise en œuvre d'une telle responsabilité peut dans bien des cas être délicate car le juge doit prendre en compte certains paramètres notamment les efforts du club visité pour prévenir le dommage, l'intensité de la rencontre sportive et les circonstances qui entourent la rencontre. Il doit cependant apprécier, en fonction de la faute commise, la sanction à retenir. Nous sommes donc naturellement conduit à analyser la question des fondements de la responsabilité délictuelle et quasi délictuelle d'Unisport du Haut-Nkam qui, en l'espèce, est dual (I) ; mais au-delà de la solution retenue dans cette affaire, on peut analyser les difficultés de mise en œuvre de cette responsabilité (II).

I. Une responsabilité délictuelle et quasi délictuelle aux fondements duales

En droit camerounais, on parle de responsabilité civile délictuelle et quasi-délictuelle quand la responsabilité d'une personne est engagée car elle a causé un dommage à autrui en dehors de toute relation contractuelle. La responsabilité civile délictuelle se conçoit comme l'obligation de réparer les dommages causés à autrui dans les hypothèses où il n'existe aucun lien de droit (et notamment contractuel) entre l'auteur et la victime du dommage et où c'est donc dans la loi seule que l'obligation de réparer trouve sa source. La faute volontaire engage la responsabilité civile délictuelle de son auteur. Elle se fonde sur l'article 1382 du Code civil[3]. Alors que la faute involontaire met en jeu la responsabilité civile quasi-délictuelle. Elle a pour fondement l'article 1383 du Code civil[4]. Son régime se rapproche de celui de la responsabilité civile délictuelle, à la différence près que la faute à l'origine du dommage est involontaire causée par une négligence ou une imprudence de son auteur. Dans la sentence commentée, plusieurs faits posés par Unisport du Haut Nkam ou ses supporters mettent en jeu sa responsabilité délictuelle et quasi-délictuelle il s'agit entre autres :

[3] « Tout fait quelconque de l'homme qui cause à autrui un dommage oblige celui par la faute duquel il est arrivé à le réparer ».

[4] *« On est responsable non seulement pour dommage que l'on cause par son propre fait, mais encore de celui qui est causé par le fait des personnes dont on doit répondre… »*

l'absence de mesures prises par Unisport Football Club du Haut Nkam pour empêcher le blocus exercé sur le bus transportant les joueurs de Caïman Football Club de Douala par ses supporters ; l'absence de mesures prises afin d'empêcher les multiples menaces exercées sur les joueurs de Caïman Football Club de Douala ; les multiples voies de fait sur le gardien et le président de Caïman Football Club de Douala devant les dirigeants de Unisport qui n'ont daigné inter- venir etc.

Ces précisions faites, il faut dire que la responsabilité délictuelle et quasi délictuelle d'Unisport du Haut Nkam en tant que club visité et organisateur de la rencontre, se déclinait au regard aussi bien des manquements à l'obligation de sécurité (A), notamment la violation de l'article 10 du Règlement de la Coupe du Cameroun 2012, des articles 21 al 1 et 2 des Règlements Généraux, de la violation de l'article 63 du Code disciplinaire de la FECAFOOT que sur la responsabilité pour les fautes par ses supporters (B).

A. Les manquements à l'obligation de sécurité

Dans le domaine du sport en général et dans le football en particulier, la grande majorité des normes de sécurité tend à prévenir les risques causés par le comportement des supporters. Le football, généralement qualifié au Cameroun de *« sport roi »*, est la discipline sportive qui attire le plus de spectateurs et entraine certains phénomènes de violence. En raison des incidents provoqués au cours des matchs de football, les instances dirigeantes de ce sport ont progressivement mis en place un ensemble de mesures destinées à protéger les spectateurs, les joueurs et/ou toutes autres personnes, en cas de débordements.

En l'absence de contrat, la sécurité est assurée par le respect des prescriptions légales, réglementaires et fédérales dont les violations constituent une faute. Le football brille par le nombre impressionnant de textes destinés à assurer la sécurité lors des matchs. Chaque fédération de football a ainsi adopté un règlement de sécurité. Au niveau international, il existe ainsi les Directives de sécurité de la FIFA. Au niveau national, les mesures de sécurité sont contenues dans des textes fédéraux épars. C'est le cas notamment du Règlement de la Coupe du Cameroun saison 2020/2021[5], du Code disciplinaire

[5] L'article 9 alinéa 1 et 2.

de la FECAFOOT pour le compte de l'année 2021[6] et les Règlements généraux de la FECAFOOT[7].

Ces textes mettent à la charge des clubs qui abritent des évènements sportifs une obligation de sécurité. Cette dernière peut être définie comme le devoir, pour l'organisateur, de prendre toutes les mesures de prudence et de diligence nécessaires au bon déroulement de l'évènement sportif tant en ce qui concerne les sportifs eux-mêmes que les tiers[8]. Conformément à la législation sportive camerounaise, cette obligation met à la charge du club le devoir de *« prendre des mesures nécessaires pour assurer le bon ordre et la sécurité avant, pendant et après les matches »*[9], *« dans le stade et ses abords »*. Les clubs hôtes doivent *« évaluer le degré de risque et signaler aux organes de la FECAFOOT ou de ses ligues toute rencontre représentant un risque particulièrement élevé », « respecter et mettre en œuvre les règles de sécurité existantes (réglementation de la FECAFOOT, lois nationales, conventions internationales) et prendre - dans le stade comme à ses abords - toutes les mesures de sécurité exigées par les circonstances, que ce soit avant, pendant ou après le match, ainsi qu'en cas d'incident » ; « assurer la sécurité des officiels de match, des joueurs et des officiels de l'équipe visiteuse durant leur séjour » ; « informer les autorités locales et coopérer activement et efficacement avec elles » ; « assurer le respect de la loi et de l'ordre dans les stades et à leurs abords ainsi que la bonne organisation du match ».* Dans la décision commentée, il est plus qu'évident qu'il y a eu un manquement de l'obligation de sécurité de la part d'Unisport du Haut-Nkam qui entraine naturellement sa responsabilité délictuelle.

Ceci dit, il convient de se pencher sur la nature de l'obligation de sécurité qui pesait sur Unisport du Haut Nkam. De manière interrogative, s'agissait-il d'une obligation de sécurité de moyens ou d'une obligation de sécurité de résultat ? En matière sportive, la particularité de

[6] Article 16 alinéa 1 et 2.
[7] Article 23 alinéa 1 et 2.
[8] Cf. ALBIGES (Ch.), DARMAISIN (S.) et SAUTEL (O.), *Responsabilité et sport*, Litec, LexisNexis, Paris, 2007, p. 144.
[9] Article 9 du Règlement de la coupe du Cameroun.

l'obligation de sécurité tient de sa variabilité[10]. Elle est appréciée de manière souple lorsque le sport concerné est par nature très dangereux, *a contrario*, elle sera appréciée strictement lorsque sont en cause des jeunes sportifs ou des activités ne présentant pas de risque particulier. Dans la deuxième hypothèse, les juges vont alourdir les obligations de l'organisateur. C'est le cas en matière de football où la jurisprudence impose aux clubs de football, qu'ils soient organisateurs d'une rencontre ou visiteurs, une obligation de résultat en ce qui concerne la sécurité dans le déroulement des rencontres[11]. Il suffit donc qu'un trouble ou incident soit constaté, quelles que soient sa gravité et ses conséquences pour que ce fait entraine *ipso facto* la responsabilité du club, à charge pour lui de démontrer qu'il peut s'en exonérer. En droit comparé, un arrêt de la CAA de Paris à propos des troubles au PSG[12] est particulièrement éloquent sur ce point : *« qu'il incombe aux clubs de football, qu'ils soient organisateurs d'une rencontre ou visiteurs, une obligation de résultat en ce qui concerne la sécurité du déroulement des rencontres : que dès lors que ce résultat n'était pas atteint, il en résultait une faute mettant en cause la responsabilité de la SASP Paris Saint Germain »*.

Cette obligation de résultat qui pèse sur le club est si lourde qu'elle s'applique non seulement dès qu'un trouble est intervenu, sans qu'il soit nécessaire d'en identifier l'auteur, mais aussi si le trouble est intervenu pendant la rencontre, mais même aussi avant ou après la rencontre et que ce soit à l'intérieur ou à l'extérieur de l'enceinte sportive. Néanmoins, des précisions doivent être faites sur ces deux cas de figure. Dans le premier cas, il faut relever que la réglementation applicable en l'espèce ne parle que de supporters et pas de spectateurs. C'est à se poser la question de savoir si le trouble ne provenait uniquement de spectateur, le club visiteurs serait-il toujours responsable. Avant de répondre, il faut rappeler que les supporters constituent des groupes homogènes, souvent constitués juridiquement en associations. Ils sont de ce fait

[10] ALBIGES (Ch.), DARMAISIN (S.) et SAUTEL (O.), *op.cit.*, p. 144.

[11] En France, voir Conseil d'Etat, 20 octobre 2008, n° 320111, Fédération française de football.

[12] CAA Paris, SASP PSG, 9 juin 2008, n°07PA 01763.

connus du club qui peut entretenir avec eux des relations visant à mieux gérer l'organisation des matchs. Les spectateurs par contre sont plus anonymes, déconnectés *a priori* de tout lien avec le club. En l'absence de réponse de la réglementation en vigueur, nous pensons que le club doit être tout aussi responsable des troubles causés par les spectateurs. C'est l'avis en droit comparé, des Statuts et règlements de la LFP[13] qui, en son article 527, dispose que *« Le club visité est tenu pour responsable des incidents qui peuvent se produire dans l'enceinte du stade du fait de l'attitude des joueurs, éducateurs, dirigeants et des spectateurs ou de l'insuffisance de l'organisation ».*
Dans le second cas, il faut noter qu'en principe, la sécurité de l'enceinte sportive relève de la surveillance du club visité, sécurité qu'il assure par des personnels recrutés à cet effet, tandis que la sécurité des abords et de l'extérieur, relève des forces de l'ordre. Pour autant, le club peut être responsable des troubles causés par ses supporters à l'extérieur de l'enceinte sportive[14]. C'est aussi le cas lorsque les fautes commises par ses supporters sont à l'intérieur de l'enceinte sportive.

B. Les fautes commises par les supporters

L'accroissement des actes de désordre causés par les supporters dans le football a poussé les instances internationales du sport à instituer une responsabilité disciplinaire du club du fait de leurs supporters, dite *« objective ».* La responsabilité objective des clubs est la reconnaissance de l'engagement de la responsabilité des clubs pour les agissements de leurs supporters. Cette responsabilité est engagée quelles que soient les mesures prises afin d'éviter ces agissements. Elle s'apparente à une

[13] Ligue de Football Professionnel en France.

[14] Voir TA Bastia, SASP Sporting Club de Bastia, 12 février 2015, n° 1300950. Les faits de cette affaire sont les suivants : lors de la rencontre SC BASTIA/AC Ajaccio du 2 mars 2013, le parking des bus des supporters ajacciens étant éloigné du stade, ces derniers ont notamment été caillasses par les supporters bastiais en rejoignant à pied le stade. Le SC Bastia a alors été sanctionné. Le TA de Bastia, confirmé par la CAA de Marseille a validé cette sanction en relevant que même si la décision du préfet concernant l'attribution du parking à un endroit éloigné était « malheureuse » et même si « les services de police n'ont pas su canaliser les supporters ajacciens », ces circonstances « ne sauraient dédouaner totalement le club de Bastia de sa responsabilité dans l'organisation de la rencontre ».

responsabilité sans faute[15], c'est ce qui explique la dénomination de responsabilité objective que lui attribue la doctrine[16].

L'objectif de la responsabilité objective est de veiller au bon déroulement des évènements sportifs et d'inciter les clubs de football à agir préventivement. Cette prévention s'inscrit comme une règle de police des compétitions. La FECAFOOT a adopté dans ses règlements des responsabilités similaires. L'article 16 alinéa 2 du Code disciplinaire de la FECAFOOT prévoit que : *« Les associations et clubs seront tenu(e)s responsables du comportement inapproprié de leurs supporters et pourront faire l'objet de mesures disciplinaires ainsi que se voir imposer des directives même s'ils/elles peuvent prouver l'absence de toute négligence dans l'organisation du match : a) invasion ou tentative d'invasion du terrain ; b) jet d'objets ; c) allumage d'engins pyrotechniques ou de tout autre objet ; d) utilisation de pointeurs laser ou d'appareils électroniques similaires recours à des gestes, mots, objets ou tout autre moyen pour transmettre un message inadapté à un événement sportif, notamment des messages de nature politique, idéologique, religieuse ou offensante ; f) actes de vandalisme ; g) perturbation pendant les hymnes nationaux ; h) tout autre manque d'ordre ou de discipline observé à l'intérieur du stade ou à ses abords ».*

L'article 23 alinéa 1 des Règlements généraux de la FECAFOOT va dans le même sens lorsqu'il dispose que *« Tout club engagé aux compétitions est responsable vis-à-vis de la FECAFOOT des actions de ses licenciés et de ses supporters. Il doit prendre des mesures nécessaires pour assurer le bon ordre et la sécurité avant, pendant et après les matchs »*. De même, lorsque, en cas d'agression, il n'est pas possible d'identifier l'auteur (ou les auteurs)

[15] La mise en cause de la responsabilité d'une personne suppose normalement l'existence d'une faute causant un dommage à autrui (cette faute peut être présumée lorsqu'il s'agit de répondre de certaines personnes ou lorsque le préjudice résulte du vice d'une chose). Il existe cependant quelques exceptions à ce principe. C'est ce qu'on appelle la responsabilité objective ou responsabilité sans faute. Elle s'explique par la volonté du législateur de favoriser en tout état de cause l'indemnisation des victimes dans certaines hypothèses. Cf. BAKEHE née LEEDJUE ZAM (D.L.), Les conflits sportifs au Cameroun et leurs règlements, Thèse, Université de Bourgogne, 2017.

[16] SIMON (G.), CHAUSSARD (C.), ICARD (P.), JACOTOT (D.) DE LA MARDIERE (C.), et THOMAS (V.), *Droit du sport*, PUF, Paris,2012, n° 688.

des infractions commises, l'autorité sanctionnera le Club ou l'association dont dépendent les agresseurs.

Une telle mesure, bien qu'elle soit sévère pour le club recevant, s'explique et se justifie à plus d'un titre. D'abord, dans certains cas, il peut s'avérer difficile, voire impossible d'identifier et à plus forte raison d'interpeller l'auteur des troubles. Or une telle difficulté ne saurait être un obstacle à la lutte contre le phénomène des troubles dans les manifestations sportives. Ensuite, les supporters constituent un élément déterminant dans lequel évolue un club sportif. Ils prennent une part fondamentale dans le succès sportif de l'équipe. Il est donc compréhensif que le club ait des comptes à rendre à raison des comportements fautifs de ses supporters.

L'instauration de la responsabilité objective par le législateur sportif, n'est pas en marge des dispositions légales en vigueur, même si elle constitue une exception. C'est ce que rappellent les juges de la CCA dans l'affaire commentée. En effet, elle est en conformité avec les articles 1382 et 1383 du Code civil applica- ble au Cameroun. Il reste à présent à analyser la mise en œuvre de cette responsabilité.

II. Une mise en œuvre de la responsabilité parfois difficile

La mise en œuvre de la responsabilité délictuelle et quasi délictuelle d'Unisport du Haut Nkam pour manquement à son obligation de sécurité et les fautes commises par ses supporters incombe à la Commission d'Homologation et de Discipline et en appel la commission de Recours. Mais deux points essentiels méritent d'être étudier, à savoir : la faculté d'exonération des clubs visités (A) et l'appréciation de la sanction à retenir (B). Il s'agit là de deux éléments qui peuvent, dans bien des cas, être un casse-tête pour l'autorité disciplinaire et le juge arbitrale.

A. La possible exonération du club visité

En dépit du fait qu'il pèse sur le club visité une obligation de sécurité résultat, l'article 16 alinéa 1 du Code disciplinaire de la FECAFOOT pour le compte de l'année 2021, met à sa disposition quelques facultés d'exonération. En effet, cet article prévoit que *« Les clubs et associations hôtes sont chargé(e)s du maintien de l'ordre et de la sécurité avant, pendant et après les matches dans le stade et ses abords. Ils/Elles sont responsables des incidents de toute nature et peuvent faire l'objet de mesures disciplinaires ainsi que se voir imposer des directives, à moins qu'ils/elles ne puissent prouver qu'ils/elles n'ont d'aucune manière été négligent(e)s dans l'organisation du match... ».* On retrouve une telle possibilité d'exonération aussi bien dans le Règlement de la Coupe du Cameroun saison 2020/2021[17] que dans les Règlements généraux de la FECAFOOT[18].

À la lecture de toutes ces dispositions, il ressort que cette exonération ne dépend que du débiteur de l'obligation de sécurité. Il lui appartient d'apporter la preuve qu'il a fait tout ce qui était à son pouvoir pour empêcher tout désordre et violence tant avant, pendant qu'après le match. Il s'agit là précisément de la mécanique intellectuelle sur laquelle repose la notion d'obligation de résultat. Il suffit d'établir que son débiteur ne l'a pas atteint pour démontrer qu'il a manqué à son obligation, et donc a commis une faute dont il sera tenu pour responsable dans tous les cas où il ne sera pas en mesure d'apporter la preuve, non de ce qu'il a commis aucune faute, celle-ci étant par hypothèse constituée, mais que sa défaillance n'est pas la conséquence directe d'une cause extérieure. C'est en cela que le système de responsabilité du fait de la violation d'une obligation de résultat est un système de présomption de responsabilité et non de présomption de faute. Le non accomplissement du résultat fait présumer la responsabilité de son auteur en ne lui permettant de s'en exonérer qu'en apportant lui-même la preuve de ce qu'il est étranger.

Il est plus qu'évident qu'Unisport du HAUT Nkam ne pouvait bénéficier d'une telle exonération dans la mesure où elle n'a rien fait pour préserver la sécurité des joueurs, supporters et dirigeants de Caïman Football Club de Douala avant, pendant et après le match.

[17] L'article 9 alinéa 2 : « tout club engagé à la Coupe du Cameroun qui accepte habituellement le bénéfice, direct, ou indirect, d'interventions en sa faveur de groupements de supporters, d'amis ou de tiers quelconques, est responsable, vis-à-vis de la fédération ; de tous les actes accomplis par ces groupements et qui seraient contraires aux textes de la FECAFOOT, à moins qu'il ne puisse prouver s'être opposé à ces actes et n'en avoir tiré aucun avantage ».

[18] Article 23 alinéa 2 « Tout club qui accepte habituellement le bénéfice, direct ou indirect, d'interventions en sa faveur de groupements de supporters, d'amis ou de tiers quelconques, est responsable, vis-à-vis de la FECAFOOT, de tous les actes accomplis par ces groupements et qui seraient contraires aux textes de la FECAFOOT, à moins qu'il ne puisse prouver s'être opposé à ces actes et n'en avoir tiré aucun avantage. »

Le club peut prouver qu'il n'a été, d'aucune manière, négligent dans l'organisation du match en montrant à l'autorité disciplinaire les mesures adéquates envisagées à titre préventive. Ces mesures portent notamment sur :

- La préparation de l'organisation de la rencontre permettant d'évaluer son niveau à risque. Elle implique une réunion avec les autorités publiques, des échanges avec le club visiteur et la signature éventuelle d'un *« Protocole opérationnel d'accompagnement des supporters à l'intérieur de l'espace visiteur »*.
- Le contrôle effectif des spectateurs à l'entrée du stade par des mesures de filtrage et de fouille (pour déceler les objets interdits).
- Le nombre de stadiers et d'agents de sécurité à mobiliser.
- La mise en place de système de vidéo protection.

Il appartient à la commission d'homologation et de discipline d'étudier toutes ces mesures afin d'apprécier les éventuelles défaillances du club à son obligation de résultat. Si des manquements sont relevés, la sanction adéquate doit être retenue.

B. L'appréciation de la sanction à appliquer

La défaillance des clubs en matière de sécurité peut entrainer l'application d'une multitude de sanctions prévues par le Code disciplinaire de la FECFAFOOT. Dans cette panoplie de sanction, il faut distinguer les sanctions patrimoniales des sanctions sportives. Les sanctions patrimoniales ont un impact sur la situation financière du club : c'est le cas des amendes[19], de la fermeture de tribunes, du match à huis clos[20], de la suspension de terrain. Les sanctions sportives quant à elle ont un impact sur les résultats sportifs du club : c'est le cas de la perte de match[21], le retrait de points[22] et la rétrogradation[23], exclusion d'une compétition[24], annulation des résultats du match.

Une question demeure cependant ; doit on pénaliser sportivement un club à raison de faits et de fautes

[19] Art. 13 du Code disciplinaire de la FECAFOOT.
[20] Art. 22 du Code disciplinaire de la FECAFOOT.
[21] Art. 30 du Code disciplinaire de la FECAFOOT.
[22] Art. 28 du Code disciplinaire de la FECAFOOT.
[23] Art. 27 du Code disciplinaire de la FECAFOOT.
[24] Art. 26 du Code disciplinaire de la FECAFOOT.

sécuritaires qui n'incombent en rien à l'activité sportive du club ? La doctrine est unanime quant à une réponse positive[25]. Mais la sanction doit être proportionnelle à l'ampleur du manquement du club à son obligation de sécurité et à son impact sur le cours du jeu. En France, le Conseil d'Etat conditionne l'applicabilité de la responsabilité disciplinaire des clubs à un principe de proportionnalité du quantum de sanctions selon la gravité des faits[26]. C'est ce principe qui semble guider les arbitres de la CCA dans l'affaire Affaire Caïman Football Club de DOUALA C/ Unisport Football Club du Haut-Nkam. L'intérêt de ce principe peut s'apprécier dans deux hypothèses.

Dans la première hypothèse, celle d'un envahissement de la pelouse ou d'un jet de projectile ayant atteint et blessé un sportif, comme ce fut le cas dans la sentence commentée, la négligence fautive du club ayant laissé le fait répréhensible des supporters se produire a indéniablement une influence sur le jeu en lui-même. Dès lors une sanction sportive de match perdu se justifie aisément. Dans la sentence commentée une telle sanction n'était plus possible, puisque la finale de la coupe du Cameroun avait déjà eu lieu et le juge n'avait pas manqué de le relever. En revanche, dans la seconde hypothèse, celle d'un déploiement de banderoles, la profération d'insultes, bagarres entre supporters, le déroulement du jeu et le résultat sportif ne sont en rien influencés. De ce fait, une sanction sportive du club visité, affectant le résultat régulièrement acquis, serait une sanction hautement disproportionnée. Seule une sanction pécuniaire dont le montant correspondra à la gravité de la faute parait être réellement adaptée et conforme au principe de la proportionnalité.

De ce qui précède, on peut retenir que seules les troubles provenant des supporters et ayant une influence

---

[25] FOUCHER (B.), « La responsabilité disciplinaire des clubs à raison des supporters », in CHAUSSARD (C.), FORTIER (C.) et JACOTOT (D.) (sous la direction de), Le sport au carrefour des droits, Mélange en l'honneur de Gérald Simon, LexisNexis, Paris, V.57, 2021 ; ANTONINI (A.), « La responsabilité disciplinaire personnelle des clubs du fait de leurs supporters dans le cadre de la procédure administrative du référé-suspension », note sous CE, 15 oct. 2008, n° 316312, Fédération française de football c/ Sporting club de Bastia, in MARMAYOU (J-M), RIZZO (F.) et BOUDOT (M.), Les Cahiers de Droit du Sport, n° 14, 2008, pp. 169-180.

[26] CE, 15 oct. 2008, n° 316312, Fédération française de football c/ Sporting Club de Bastia, concl. Lénica F.

matérielle et directe sur le jeu justifient l'édiction de sanctions purement sportives. C'est dans cette mesure qu'il serait plus que bénéfique de proscrire les sanctions sportives adoptées en raison des faits strictement extra sportifs quant à leur nature et quant à leurs conséquences sur le résultat du match. Les sanctions pécuniaires semblent être ici les seules aptes à répondre au double objectif d'inciter les clubs à renforcer leur dispositif sécuritaire tout en respectant le bon déroulement de la compétition[27].

Une autre sanction mérite qu'on s'y attarde. Il s'agit des matchs à huis clos. L'obligation de jouer à huis clos est une sanction qui contraint les clubs à jouer une rencontre déterminée en l'absence de spectateurs[28]. La principale caractéristique de cette sanction c'est qu'elle possède une nature hybride : à la fois sanction sportive et sanction pécuniaire. Cette sanction est la seule qui prive concrètement les auteurs matériels des faits répréhensibles, dans le cas où ces supporters n'auraient pas pu être individuellement pénalisés. Nonobstant le fait qu'elle prive les spectateurs respectueux de l'esprit sportif de participer aux évènements sportifs, le match à huis clos est, de notre point vu, la sanction la plus appropriée pour répondre aux objectifs d'incitation des clubs à améliorer les dispositifs de sécurité et de dissuasion et pour les supporters de commettre des violences. Cette sanction aurait pu être prononcée contre Unisport Club du Haut Nkam si le match avait été rejoué.

Conclusion

Au terme de cette étude, la conclusion qui s'impose est duale. Pour les clubs en général et les clubs visités en particulier, la responsabilité qui leur incombe en matière de sécurité au cours des évènements sportifs est particulièrement lourde. Cette responsabilité vise à les inciter à coopérer efficacement à la lutte contre les violences et désordres dans les stades. Pour les supporters l'irresponsabilité qu'ils continuent à démontrer ne peut rester dans l'impunité. Ceux-ci doivent comprendre que leur attitude nuit à l'intérêt de leur équipe. La *lex sportiva* continuera à développer des moyens préventifs mais surtout répressifs à l'encontre des supporters récalcitrant.

[27] ANTONINI (A.), *op.cit.* p. 180.

[28] Art. 22 du Code disciplinaire de la FECAFOOT.

Bibliographie

ALBIGES (Ch.), DARMAISIN (S.) et SAUTEL (O.), *Responsabilité et sport*, Litec, LexisNexis, Paris, 2007.

BUY (F.), MARMAYOU (J-M.), PORACCHIA (D.) et RIZZO (F.), *Droit du sport*, L.G.D.J, 3e édition, 2012.

SIMON (G.), CHAUSSARD (C.), ICARD (P.), JACOTOT (D.) DE LA MARDIERE (C.), et THOMAS (V.), *Droit du sport*, PUF, Paris, 2012.

BAKEHE née LEEDJUE ZAM (D.L.), Les conflits sportifs au Cameroun et leurs règlements, Thèse, Université de Bourgogne, 2019.

FOUCHER (B.), « La responsabilité disciplinaire des clubs à raison des supporters », in CHAUSSARD (C.), FORTIER (C.) et JACOTOT (D.) (sous la direction de), Le sport au carrefour des droits, Mélange en l'honneur de Gérald Simon, LexisNexis, Paris, V.57, 2021, pp. 95-112.

DUVAL (J-M.), « Responsabilité disciplinaire des clubs du fait de leurs supporters : premières applications », note sous TA Rouen, 23 oct. 2008, n° 0702274, Association Eu football club c/ FFF, in MARMAYOU (J-M), RIZZO (F.) et BOUDOT (M.), Les Cahiers de Droit du Sport, n° 15, 2009, pp. 141-148.

ANTONINI (A.), « La responsabilité disciplinaire personnelle des clubs du fait de leurs supporters dans le cadre de la procédure administrative du référé-suspension », note sous CE, 15 oct. 2008, n° 316312, Fédération française de football c/ Sporting club de Bastia, in MARMAYOU (J-M), RIZZO (F.) et BOUDOT (M.), Les Cahiers de Droit du Sport, n° 14, 2008, pp. 169-180.

Règlement de la Coupe du Cameroun saison 2020/2021

Code disciplinaire de la FECAFOOT 2021

Règlements généraux de la FECAFOOT

Notes de jurisprudence

Joseph Thierry KOUMENI TCHOUPE

Football-match de 16e de finale de la coupe du Cameroun-alignement d'un joueur appartenant à une autre équipe-formulation orale des réserves avant le match- formulation écrite des réserves à la mi-temps–article 116 alinéa 1 des règlements généraux de la FECAFOOT- violation de la forme des réserves ? Oui !

CCA, Sentence n° 004/SA/CCA/17 du 03 novembre 2017, Affaire BAMBOUTOS FC DE MBOUDA C/ LION BLESSE DE FOTOUNI et FECAFOOT

La présente sentence rappelle utilement le moment et la forme de la formulation des réserves au cours d'une rencontre sportive. Les faits sont les suivants : durant un match de 16e de finale de la coupe du Cameroun, BAMBOUTOS FC surprend un joueur de son équipe dans l'effectif de son adversaire du jour, en l'occurrence LION BLESSE DE FOTOUNI. Ce dernier sortit victorieux de la rencontre. BAMBOUTOS FC saisit la Commission d'homologation et de discipline de la LFPC et il eut gain de cause. Non content de cette décision, LION BLESSE DE FOTOUNI saisit la Commission de recours de la FECAFOOT estimant que les réserves formulées auprès du commissaire du match n'ont pas été faites à temps. La Commission de recours donna raison à la LION BLESSE DE FOTOUNI. Non satisfait de cet échec, BAMBOUTOS FC saisit la Chambre de Conciliation et d'Arbitrage du CNOSC en vue d'obtenir de la Chambre l'annulation de *« la décision n° 20 FCF/CR/2017 rendu par la Commission de recours de la FECAFOOT »* et le match homologué par la Commission d'homologation et de discipline et la Chambre de recours de la FECAFOOT à son profit. En effet, BAMBOUTOS FC soutient que les réserves formulées ont été faites à temps ; que la commission de recours n'a pas suivi la Commission d'homologation et de discipline. Pour faire échec à ses allégations, le représentant de la FECAFOOT argue que les réserves doivent être faites avant le match conformément à l'article 123 al. 1 (ancien) des Règlements généraux de la FECAFOOT et qu'il y a lieu de questionner la forme des réserves qui ont été faites oralement par le requérant. À l'inverse, BAMBOUTOS FC rétorque que les réserves ont été formulées avant le match, mais n'ont pu être matérialisées qu'à la mi-temps, du fait de l'incurie de l'arbitre. Au regard des positions opposées des parties, il se dégage le problème de la forme et du moment de la formulation des réserves durant une rencontre sportive. Les juges de la CCA prennent position en rejetant la demande de BAMBOUTOS FC de MBOUDA et en confirmant par la même occasion la décision de la Commission recours de la FECAFOOT. Dans cette affaire, s'il est plus qu'évident que le requérant avait effectivement formulé des réserves en vue de contester la participation du joueur querellé au match l'opposant à son adversaire du jour, il y a lieu de relever que ces réserves n'ont pas été faites en conformité avec l'article 116 al. 1 (nouveau) des Règlements généraux de la FECAFOOT. En effet, cet article dispose que *« Les réclamations visant la qualification et /ou la participation des joueurs doivent, pour suivre leur cours, être précédées de réserves nominales formulées par écrit sur la feuille de match avant la rencontre »*. L'alinéa de cet article fixe deux conditions relatives à la formulation des réserves : la première porte sur la forme et la seconde sur le moment. S'agissant de la forme des réserves, elle doit être écrite. Quant au moment, les réserves doivent être faites avant le début de la rencontre ; en formulant ses réserves oralement avant le match et en le matérialisant par écrit seulement à la mi-temps, BAMBOUTOS FC de Mbouda n'a pas respecté la réglementation en vigueur. Effectivement, il y avait lieu de rejeter la demande de BAMBOUTOS FC comme non fondée car n'apportant pas de preuves matérielles de la formulation de sa réserve *« avant »* le match.

Football- tenue d'une assemblée Générale par des membres qui n'ont pas qualité-Annulation de ladite assemblée ? Oui ! Litige opposant un membre de l'assemblée Générale à la FECAFOOT- Litige d'ordre sportif ? Oui ! Saisine directe de la CCA- violation de la forme des règles de compétence ? Non ! Violation de la règle de l'épuisement des voies de recours ? Non !

CCA, Sentence n° 10/SA/CCA/14 du 30 octobre 2014, Affaire ESSOMBA EYENGA Antoine Depadou C/ FECAFOOT

M. ESSOMBA EYENGA Antoine Depadou, membre de l'Assemblée Générale de la FECAFOOT de 2009, a saisi la CCA du CNOSC d'une procédure d'arbitrage aux fins de nullité des résolutions violant la loi, par la FECAFOOT. Il réclame à la CCA de déclarer nuls les nouveaux statuts de la FECAFOOT, parce qu'ils ont été adoptés par une Assemblée générale illégitime. Il sollicite également l'exécution provisoire de la sentence à intervenir et que la FECAFOOT doit être astreinte à organiser de nouvelles élections. Le défendeur s'oppose à ces prétentions et soutient d'une part l'incompétence de la CCA pour connaitre de ce litige parce que n'étant pas un litige d'ordre sportif ; d'autre part, que le demandeur a violé la règle de l'épuisement des voies de recours interne aux fédérations car celui-ci n'ayant saisi aucune instance de la fédération en dernier ressort avant de se pourvoir devant la chambre. En réaction, le demandeur soutient que non seulement le litige porté devant la chambre est un litige d'ordre sportif en ce que le contentieux électoral au sein d'une fédération sportive est un contentieux sportif, mais qu'en outre, la règle de l'épuisement des voies de recours a été observée en ce que les statuts querellés ont été adoptées par l'Assemblée Général de la FECAFOOT ; qu'aucun autre organe n'a préséance et ne peut donc être saisi comme recours après l'Assemblée. Les arbitres de la CCA disent que le litige est bien d'ordre sportif et que la CCA est compétente pour le régler. Ils déclarent par ailleurs que le demandeur n'a pas violé la règle de l'épuisement des voies de recours et que l'assemblée générale qui a été tenue par des membres illégalement élus est frappée de nullité ; ils condamnent enfin la FECAFOOT au paiement d'une astreinte de 100 000 FCFA par jour de retard.

Les questions que les juges de la CCA étaient appelées à répondre dans cette espèce étaient à la fois riches et variées. Elles portaient tant sur la forme que sur le fond du droit. Sur la forme, les juges de la CCA devaient se prononcer sur la violation des règles de compétence et sur la règle de l'épuisement des voies de recours. S'agissant du premier point, il était reproché à la CCA de connaître du litige alors que *« l'annulation des résolutions de l'assemblée générale d'une fédération sportive et des statuts adoptés au cours de cette assemblée ne constituent pas un litige sportif ».* Il faut rappeler que la compétence de la CCA du CNOSC tire ses fondements dans plusieurs textes notamment l'article 94 alinéa 2 de la loi n° 2018/014 du 12 juillet 2018, l'article 1 alinéa 2 du Code de procédure devant la CCA, l'article 73 alinéa 1 et 2 des statuts de la FECA- FOOT du 13 juillet 2021. Selon l'ar- ticle 2 du Code de procédure devant la CCA, le litige sportif est tout :

« Différend survenu en matière de sport ou à l'occasion de la pratique du sport pouvant avoir un aspect interne ou international ». Le contentieux électoral au sein d'une fédération sportive entre dans le champ des différends survenu en matière de sport. La doctrine majoritaire s'accorde à classer ce contentieux dans le cadre des litiges sportifs du fait qu'il soit né à l'occasion du sport et par les acteurs du mouvement sportif *(Voir DEY YELEM (F-R) « Perception de la notion de litige sportif par les acteurs du mouvement sportif camerounais : entre lueurs et leurres », disponible sur www.google.fr, 2016 ; TCHAMBA TCHABOU (Y.J.), Le règlement des différends de travail en milieu sportif au Cameroun : le cas du football, Mémoire de Master 2 recherche, Université de Yaoundé 2, 2017, p. 14.)*

S'agissant de la règle de l'épuisement des voies de recours internes aux fédérations sportives, elle est consacrée par la loi n° 2018/ 014 du 12 juillet 2018 portant organisation et promotion des activités physiques et sportives au Cameroun. Cette règle veut que les litiges d'ordre sportif soient résolus en premier ressort suivant les règles propres à chaque structure sportive. Mais ladite règle n'est pas d'application absolue ; il y a des cas où la règle ne s'applique pas. C'est le cas lorsque *« le recours envisagé est inefficace et inopérant »*. Dans l'espèce le demandeur saisit la CCA en contestation des résolutions prises par l'Assemblée Générale de la FECAFOOT, organe qui chapeaute la fédération ; or aucun autre recours n'est opérant contre les résolutions adoptées par cet organe. C'est donc à raison que les arbitres de la CCA ont rejeté l'argument tiré de la règle de l'épuisement des voies de recours internes à la FECAFOOT.

Sur le fond, la CCA devait régler deux problèmes : la tenue d'une élection par des personnes n'ayant pas qualité et la condamnation de la FECAFOOT au paiement d'une astreinte. Sur le premier point, il est clair que les juges de la CCA ne pouvaient valider la tenue d'une assemblée générale par des membres illégalement élus. Ceux-ci l'étaient dans la mesure où, par des sentences devenues définitives, la CCA avait annulé les travaux des différentes ligues régionales de football en 2013. Sur le second point, il faut rappeler que l'astreinte est la condamnation à une somme d'argent, à raison de tant par jour (ou semaine, ou mois) de retard, prononcée par le juge du fond, le juge des référés ou, postérieurement, par le juge de l'exécution, contre un débiteur récalcitrant, en vue de l'amener à exécuter en nature son obligation. C'est un moyen comminatoire utilisé par le Juge aux fins de s'assurer qu'une obligation mise à la charge d'une des parties au procès est exécutée. En cas de non-exécution dans un délai précisé par le Juge aux termes de sa décision, le débiteur de l'obligation peut voir son absence d'inexécution sanctionnée par une condamnation pécuniaire journalière provisoire ou définitive *(Cf BAKEHE née LEEDJUE ZAM (D.L.), Les conflits sportifs au Cameroun et leurs règlements, Thèse, Université de Bourgogne, 2017, p. 143)*. Cette mesure processuelle issue du droit commun est utilement appliquée dans le domaine spécifique du sport. En effet, la CCA s'est vue solliciter pour agir en tant *que « juge d'exécution »* dans certaines affaires en lien avec cette notion de liquidation d'astreinte ; c'était le cas en l'espèce. Néanmoins, les juges rappellent que son montant doit être raisonnable, puisque le requérant exigeait une astreinte comminatoire de 10 000 000 FCFA et la CCA l'a ramené à 100 000 FCFA.

Football-non remise des copies de contrats au joueurs -non-paiement des arriérés de salaire- non-paiement des arriérés de diverses primes-accord des parties pour un prélèvement par la FECAFOOT des joueurs sur les subventions allouées aux clubs.

Décision n° 001/FCF/CNRL/17/2022, Affaire BLECK DIKOUM et autre C/ TONNERRE KALARA CLUB

Le salaire est l'objet de la deuxième obligation que le contrat de travail fait naître à la charge de l'employeur (AUZERO (G.), BAUGARD (D.) et DOCKES (E), *Droit du travail*, précis Dalloz, Paris, 32e ed. 2019, p. 1051). Elle est la principale créance du salarié. Qu'il soit un salarié de droit commun ou un sportif salarié, les manquements à l'obligation de payer le salaire est une atteinte grave à un droit fondamental du salarié au regard de son caractère alimentaire. A ce titre, le rôle du juge est de veiller à ce que le salarié rentre effectivement dans ses droits. Une décision de la Chambre Nationale de Résolution des litiges (CNRL) va dans ce sens. Il s'agit de l'affaire BLECK DIKOUM et autres C/ TONNERRE KALARA CLUB.

Les faits sont assez simples. Messieurs BLECK DIKOUM et autres, tous joueurs du TONNERRE KALARA CLUB de Yaoundé ont saisi la CNRL de la FECAFOOT d'une part, pour salaires impayés, primes de signature impayées, trois primes de match impayées, absence de prise en charge, irrégularité des primes d'entraînement, non remise de leurs contrats après signature et, d'autre part que soient retenus les salaires à la source par la FECAFOOT sur le montant de la subvention destinée au TONNERRE KALARA CLUB. Ce dernier, tout en reconnaissant le lien contractuel entre eux, soutient qu'il ne paie pas de prime de signature à ses recrues, mais plutôt une prime d'installation et que celle-ci a été entièrement réglée ; qu'il reconnait être redevable de deux mois de salaire, des primes d'entrainement, deux primes de matchs. S'agissant des primes de signature, il reconnait avoir pris l'engagement de payer une prime de signature de 400 000 FCFA au joueur NGAMEKA *« buteur de race »*, mais ce dernier n'a pas eu l'efficacité escomptée, d'où son non-paiement. Il donne son accord pour le prélèvement pour une retenue de salaire à la source. La CNRL condamne le TONNERRE KALARA CLUB à 200 000 FCFA à chaque demandeur à titre d'arriérés de salaire ; 2000 FCFA d'arriéré de primes d'entrainement à chaque demandeur ; 660 000 FCFA d'arriérés de primes de matchs ; 400 000 FCFA de prime de signature au joueur NGA MEKA ; ordonne à la FECAFOOT de prélever à la source sur la subvention destinée au TKC, la somme de 5 200 000 FCFA ; ordonne au président du TKC de remettre à chacun des demandeurs, une copie du contrat les liant au club. Lorsqu'un contrat de travail se noue, il met à la charge de l'employeur une panoplie d'obligations. Les clubs de football dans le cadre de l'exécution de ce contrat ont l'obligation de remettre une copie de ce contrat au salarié et de payer le salaire convenu. Ce dernier est constitué du salaire de base et de ses accessoires. Les accessoires peuvent être constitués des primes d'entraînement, des primes à la signature et des primes de matchs. Par ailleurs, les accessoires du salaire ne se limitent pas aux primes. On peut aussi y avoir les gratifications, les indemnités, ainsi que les accessoires en nature comme les prises en charge sanitaire, le logement, etc. Quand l'employeur manque à son obligation de payer le salaire ou de remettre une copie du contrat de travail au joueur, celui-ci peut le revendiquer devant les autorités judiciaires compétentes. Le footballeur peut être recruté dans un club en raison de certaines qualités spécifiques notamment celle de marquer des buts. Afin d'attirer les services d'un tel joueur, le club peut lui promettre une prime de signature tout en spécifiant que cette prime est conditionnée par une obligation de résultat. Mais en l'absence d'une telle condition dans le contrat, il pèse sur le joueur une obligation de moyen. Il est de tradition que le salaire doit être payé les jours ouvrables seulement sur le lieu du travail ou à proximité de celui-ci. Seulement, les parties peuvent s'entendre sur d'autres modalités de paiement du salaire si c'est dans l'intérêt des salariés. Ce n'est que la manifestation de la liberté contractuelle. Rien n'interdit un tel accord de volonté. C'est pourquoi la CNRL a entériné la volonté des parties relative au prélèvement par la FECAFOOT des salaires des joueurs sur les subventions allouées au Tonnerre Kalara Club de Yaoundé. Cet accord de volonté à l'avantage de désintéresser rapidement les joueurs.

CCA, SENTENCE N°N° 009/SA/CCA/15, AFFAIRE LA SOCIÉTÉ ANONYME CANON SPORTIF DE YAOUNDÉ (SAOS) C/ LIGUE DE FOOTBALL PROFESSIONNEL DU CAMEROUN ET FECAFOOT.

Observations

François Xavier BANDOLO

Football-demande d'affiliation d'un club à la ligue-Constitution en Société Anonyme avec Objet sportif-Inexistence d'un agrément du Ministre en Charge des sports ? Non ! ; Non-épuisement des voies de recours internes-Contestation de la nature juridictionnelle de la Commission d'homologation et de discipline de la FECAFOOT ? Non !

Par ce qu'elles sont au centre des intérêts complexes, les activités sportives sont à l'origine d'un important contentieux qui, pour être résolu, fait appel à des instances spécifiques appliquant des règles procédurales impératives[1]. Dans l'affaire opposant la Société Anonyme Canon Sportif de Yaoundé (Canon SAOS) à la Ligue de football professionnel du Cameroun (LFPC) et la Fédération Camerounaise de football (FECAFOOT)[2], la Chambre de conciliation et d'Arbitrage du Comité National

[1] Cf., ELLO EBENE, *La problématique des mécanismes de règlement des litiges au Cameroun : cas du football*, INJS, Yaoundé, 2001.

2 Créée en 1959, la fédération camerounaise de football (FECAFOOT) s'est affiliée à la F1FA en 1962 et à la CAF en 1963.

Olympique et Sportif du Cameroun (CCA-CNOSC), rappelle l'importance de respecter les formes légales prescrites pour exercer les recours mais également pour participer aux diverses compétitions lancées par la Ligue de Football professionnel du Cameroun[3].

Dans l'optique de se conformer à la loi et de participer à tous les événements sportifs organisés par la LFPC et la FECAFOOT, le Canon sportif de Yaoundé va se lancer dans une procédure de réorganisation interne qui va débuter par une transformation de sa forme sociale en Société Anonyme avec objet sportif (SAOS) et va se poursuivre par une inscription sur le registre du commerce et du crédit mobilier conformément à l'autorisation de son Conseil des sages du 20 septembre 2011. Mais alors que ce club de football professionnel pense être en règle avec les statuts de la FECAFOOT, de la LFPC et de la FIFA, il va se voir opposer un refus de la FECAFOOT et de la LFPC de participer aux diverses compétitions footballistiques pour la saison 2011/2012 aux motifs qu'il ne remplit pas les conditions fixées par la loi pour être affilié et participer aux compétitions de football professionnel au Cameroun.

Suite à cette interdiction, Monsieur YENE Laurent Justin, Président du Conseil d'administration du Canon sportif de Yaoundé (SAOS), va saisir la Chambre d'arbitrage et de conciliation, par une requête datant du 8 avril 2015, d'une procédure contre la Ligue de Football Professionnel du Cameroun (LFPC) et la FECAFOOT aux fins de l'affiliation de la Société Anonyme Canon sportif de Yaoundé au championnat de football professionnel. Au soutien de sa demande, le représentant du Canon Sportif de Yaoundé va mettre en avant le préjudice subi et résultant de sa non-participation aux divers championnats en cours ainsi que la méconnaissance par la LFPC et la FECAFOOT de l'effort de légalité qui règne en son sein.

Le représentant de la LFPC, défendeur dans la cause précise quant à lui le caractère irrecevable de la requête ainsi que son absence de fondement légal. Le défendeur soutient notam-

[3] La LFPC est la structure chargée de gérer le football professionnel au Cameroun. Elle est opérationnelle depuis le 28 mai 2011, date d'adoption de ses statuts par l'Assemblée Générale de la FECAFOOT dont elle est subordonnée. Ceci en conformité aux dispositions de l'article 18-1 des statuts de la FIFA.

ment que la société Anonyme Canon Sportif de Yaoundé ne dispose pas d'un agrément du Ministère en charge des sports, condition indélogeable pour participer au championnat. De plus, il est reproché au Canon sportif de Yaoundé de n'avoir pas respecté la règle de l'épuisement des voies de recours internes avant de saisir la CCA du CNOSC.

S'appuyant sur les dispositions pertinentes de la loi, les arbitres du CCA du CNOSC ont déclaré la requête de la Société Anonyme Canon Sportif de Yaoundé (SAOS) non fondée. En examinant cette solution, il en ressort qu'elle répond aux questions de savoir, quelles sont les conditions de recevabilité d'une requête contentieuse dans le domaine du sport au Cameroun, et quelles sont les conditions exigées aux formations footballistiques pour être affiliées aux compétitions organisées par la LFPC et la FECAFOOT ? Pour les arbitres, avant de saisir la CCA du CNOSC, le plaignant est tenu d'épuiser d'abord les autres voies de recours que lui offre la loi. De même, la décision arbitrale fait obligation aux organisations sportives de justifier d'un agrément du Ministre en charge des sports pour être affiliées aux compétitions footballistiques organisées par la LFPC et la FECAFOOT, en plus d'être constituées selon des formes juridiques reconnues par la loi.

Les solutions ainsi dégagées par cette décision sont au centre de l'activité sportive et contentieuse au Cameroun car, le non-respect des formes prescrites par la loi rend irrecevable la saisine du CCA du CNOSC (I), et impossible la participation aux compétitions de football professionnel organisées par la LFPC et la FECAFOOT (II).

I. La recevabilité de la requête contentieuse

Dans l'affaire La société Anonyme Canon Sportif de Yaoundé (Canon SAOS) contre la LFPC et la FECAFOOT, les arbitres de la CCA du CNOSC posent comme exigence de recevabilité de la requête, la nécessité de respecter la règle de l'épuisement des voies de recours internes[4] (A). La mise en œuvre d'une telle exigence nécessite cependant de déterminer

[4] La règle de l'épuisement des voies de recours est empruntée au Droit international des Droits de l'Homme, notamment à l'article 14 du Pacte International relatif aux Droits Civils et Politiques qui traite du procès équitable.

avec précision la nature juridique des instances du recours préalable (B).

A. Le préalable épuisement des voies de recours internes

La décision rendue par les arbitres dans l'affaire La société Anonyme Canon Sportif de Yaoundé (Canon SAOS) contre la LFPC et la FECAFOOT indique explicitement que la saisine de la Chambre de Conciliation et d'Arbitrage du CNOS ne peut intervenir avant l'épuisement des voies de recours internes aux fédérations sportives[5]. En effet, selon l'article 44 alinéa 2 de la loi n° 2011/018 du 15 juillet 2011 relative à l'organisa- tion et à la promotion des activités physiques et sportives au Cameroun *« en cas d'épuisement des voies de recours internes à la fédération, l'une des parties peut, en dernier ressort au plan national, saisir la Chambre de Conciliation et d'Arbitrage instituée auprès du Comité National Olympique et Sportif du Cameroun »*. Suivant cette disposition, il n'est pas possible de saisir la CCA du CNOSC en première instance en ce qui concerne les litiges d'ordre sportif au Cameroun. Or, dans l'affaire opposant la Société Anonyme Canon Sportif de Yaoundé, le demandeur n'apporte pas la preuve d'une saisine antérieure des instances de règlement des différends logées au sein des fédérations, et notamment de la FECAFOOT. Il aurait donc fallu que la Société Anonyme Canon Sportif de Yaoundé (SAOS) saisisse au préalable l'instance prévue à l'article 61 des statuts de la LFPC notamment la Commission d'Homologation et de Discipline de la FECAFOOT.

Cette solution est également contenue dans les statuts de la LFPC selon lesquels *« Les litiges d'ordre sportif opposant les Ligues, les clubs, les associations de corps de métiers, les licenciés à la FECAFOOT et/ou entre eux-mêmes sont résolus, en premier ressort, suivant les règles*

[5] Sur la contestation de la Compétence de la CCA du CNOSC, Cf., la décision n° 001/ADD/CCA/CNOSC/10 du 29 avril 2010 affaire Nkou Mvondo c/ FECAFOOT. Tout en rejetant le déclinatoire de compétence présenté par la FECAFOOT, cette instance va ainsi marquer sa compétence « as- surant le respect de la charte olympique dans leurs pays, l'art 18-2 de la charte donne au CNOSC la compétence en tant que gardien de l'éthique sportive dans le pays de connaitre les litiges sportifs y compris ceux résolus par les règles propres à chaque fédération. Qu'en conséquence, l'argument de la FECAFOOT tire de la violation de l'art 18-2 de la charte est spécieux et ne saurait prospérer, qu'il échet de rejeter le déclinatoire de la compétence de la chambre soulevé par la FECAFOOT, de dire la chambre compétente, de renvoyer la cause et les parties à une date ultérieure pour statuer au fond ».

propres à la FECAFOOT »[6]. Il en ressort selon la même règlementation que ce n'est qu'en cas d'épuisement des voies de recours internes que l'une des parties peut saisir la CCA du CNOSC[7]. En saisissant la CCA sans préalablement saisir les organes juridictionnels de la fédération et de la LFPC, le Canon Sportif de Yaoundé (SAOS) viole ainsi la règle du nécessaire épuisement des voies de recours internes[8] qui est une exigence impérative dans la procédure contentieuse sportive.

Le mérite de la solution dégagée par les arbitres dans cette affaire repose sur le strict respect des dispositions légales. En effet, le règlement des litiges sportifs est partagé en droit camerounais entre plusieurs instances. Ainsi, en première saisine officient les organes de règlement des litiges basés au sein des fédérations sportives de sorte que la CCA du CNOSC constitue le dernier niveau de recours au plan national. Aussi, en rappelant au Canon sportif de Yaoundé (SAOS) de n'avoir pas respecté les formes légales, les arbitres du CCA CNOSC veillent à la garantie de la sécurité juridique consistant notamment à appliquer la loi. Mais en dehors de cette application, la décision soulève également une interrogation sur la nécessité de déterminer la nature juridique des instances du recours préalable.

B. La détermination de la nature juridique des instances du recours préalable

Dans l'affaire qui oppose la société anonyme Canon Sportif de Yaoundé (SAOS) à la LFPC et à la FECAFOOT, les arbitres de la CCA du CNOSC ont eu l'occasion de se prononcer sur la nature juridique des instances appelées à connaitre du litige sportif en première saisine. En effet, en application de l'exigence de l'épuisement des voies de recours internes, il est reproché à Canon sportif de Yaoundé (SAOS) de n'avoir pas préalablement saisi les instances compétentes, notamment la Commission d'Homologation et de Discipline et la Commission d'Appel de la Ligue. En fait, dans le cadre de

[6] Cf. art. art. 64 (1) des statuts de la LFPC.

[7] Art. 64 (2) des statuts de la LFPC.

[8] Cf., également, CCA, sentence N° 003/SA/CCA/16 du 31 mars 2016, Affaire Membres du Bureau Exécutif et du Conseil d'Administration de la FECAKADA C/ Fédération Camerounaise de Karaté et Disciplines affinitaires.

l'affaire opposant le Canon Sportif de Yaoundé (SAOS) à la LFPC, les arbitres de la CCA du CNOSC vont réaffirmer la nature disciplinaire de la Commission d'homologation et de discipline de la FECAFOOT ainsi que de la Commission des appels de la Ligue.

En effet, en droit camerounais, l'organisation contentieuse sportive est articulée sur trois niveaux de compétence contentieuse. Dans cet organigramme, la commission d'homologation et de discipline de la FECAFOOT et la Commission des recours de la Ligue constituent le premier niveau de règlement des litiges sportifs et la saisine de ces instances est obligatoire dans le traitement des litiges sportifs. Dans la présente affaire, les arbitres de la CCA du CNOSC apportent la précision sur la nature des instances de recours préalable qui constituent des instances disciplinaires chargées de veiller au respect des règles internes aux fédérations sportives et leur saisine est impérative.

En se basant sur ce principe, les juges de la CCA du CNOSC vont déclarer non fondé l'argument du représentant de la LFPC tendant à remettre en cause le caractère d'ordre public de la compétence de ces instances de recours préalables. En suivant ainsi à la trace le raisonnement des arbitres dans cette décision, il apparait que le fait pour le représentant du Canon sportif de Yaoundé (SAOS) d'avoir saisi au préalable la Commission d'Homologation et de discipline de la FECAFOOT ainsi que la Commission des recours de la ligue est conforme à la loi.

II. L'affiliation aux compétitions footballistiques

L'affiliation est *« la procédure par laquelle une association sportive se voit attribuer à sa demande la qualité de membre de la fédération. L'affiliation a deux volets : c'est à la fois un acte et une relation juridiques. En tant qu'acte juridique, l'affiliation est la décision prise par une fédération sportive d'admettre parmi ses membres, une association qui en fait la demande. Prise comme relation juridique l'affiliation est le lien unissant à une fédération chacune des associations sportives regroupées sous son autorité »*[9]. Dans l'affaire qui oppose la Société Anonyme Canon Sportif de Yaoundé (SAOS) à

[9] ALAPHILIPPPE (F.) KARAQUILLO (J.P.), *Dictionnaire juridique du sport*, p.28.

la Ligue de Football professionnel du Cameroun (LFPC) et à la Fédération camerounaise de football (FECAFOOT), les arbitres de la Chambre de Conciliation et d'arbitrage (CCA) du Comité National Olympique du Cameroun (CNOSC), ont précisé les conditions légales exigées aux associations sportives pour participer aux différentes compétitions footballistiques organisées par la LFPC. Il est notamment exigé aux associations d'être constituées suivant des formes juridiques précises (A) et de justifier d'un agrément du Ministre en Charge des Sports (B).

A. La constitution des organisations sportives dans des formes juridiques spécifiques

Suivant la décision rendue dans l'affaire Canon sportif de Yaoundé contre la LFPC et la FECAFOOT, toutes les associations sportives, notamment les clubs de football professionnel, doivent être constitués dans certaines formes sociales[10] pour pouvoir bénéficier de l'affiliation à participer aux compétitions de football professionnel au Cameroun. Ainsi, il est notamment exigé aux associations de football d'être constituées sous la forme des sociétés commerciales et d'être inscrites au registre de Commerce et du crédit mobilier[11]. C'est ainsi que parmi les formes juridiques prescrites par la loi[12], le Canon Sportif de Yaoundé s'est constitué en Société Anonyme avec objet sportif (SAOS)[13]. En effet, la Société Anonyme est *« une société dans laquelle les actionnaires ne sont responsables des dettes sociales qu'à concurrence de leurs apports et dont les droits des actionnaires sont représentés par des actions. La SA pouvant ne comporter qu'un seul actionnaire »*[14].

[10] Pour une étude sur les mutations des formes sociales sportives au Cameroun, lire, TADO (O.), « Les formes d'organisation de clubs sportifs et leur évolution au Cameroun », in, *États des recherches sur le sport et l'olympisme au Cameroun (1963–2013)*, SHS Web of Conferences 32, 02002 (2016), disponible sur le site, https://www.shs-conferences.org/articles/shsconf/pdf/2016/10/shsconf_cnosc2014_02002.pdf.

[11] Cf., art. 390 de l'Acte Uniforme OHADA relatif au droit des sociétés commerciales et du groupement d'intérêt économique (AUSC & GIE).

[12] En droit camerounais, les associations sportives peuvent se constituer en Société Anonyme (SA), en Société à Responsabilité Limité (SARL) et en Société d'économie mixte (SEM).

[13] Selon l'article 12 al. 2 du Règlement général de la FECAFOOT « *Toute association sportive civile affiliée à la FECAFOOT peut, pour la gestion de ses activités, constituée en son sein une société anonyme à objet sportif conformément aux dispositions de l'article 2 de la susdite loi* ».

[14] Art. 385 AUSC & GIE.

Dans l'affaire qui oppose le canon Sportif de Yaoundé à la LFPC et à la FECAFOOT, Canon sportif de Yaoundé est en accord avec les dispositions de la loi[15]. Qualifiée par une certaine doctrine comme une « *imposture* »[16] à cause de son incompatibilité avec le droit OHADA, la SAOS permet aux organisations sportives de bénéficier des avantages attachés à la Société Anonyme standard tout en tenant compte des particularités[17] liées aux activités sportives. C'est ainsi que le recours à la SAOS permet de faciliter la mobilisation des financements nécessaires pour les compétitions[18] tout en augmentant la crédibilité des clubs de football au Cameroun. C'est fort de cette pertinence que les arbitres de la CCA du CNOSC admettent cette forme sociale adoptée par le Canon Sportif de Yaoundé[19].

B. La justification d'un agrément du Ministre en Charge des sports

Pour être affiliées à la LFPC et participer aux compétitions footballistiques organisées par cette ligue, les organisations sportives à l'image du Canon Sportif de Yaoundé, doivent justifier d'un agrément accordé par le Ministre en charge des sports : C'est sur le défaut de cette exigence impérative que les arbitres de la CCA du CNOSC se sont appuyés pour déclarer non fondée la demande du Canon Sportif. En effet, selon le raisonnement des arbitres du CCA, le fait pour un club de football d'être constitué en Société Anonyme avec

[15] Art. 30 al. 2 de loi de 2011/018 relative aux activités sportive.

[16] Cf. KALIEU ELONGO (Y.R.), « La Société anonyme à objet sportif, une imposture en droit camerounais », Disponible sur, https://kalieu-elongo.com/yvette-rachel-kalieu-elongo-la-societe-anonyme-a-objet-sportif-une-imposture-en-droit-camerounais/ (Consulté le 24 Mai 2022).

[17] Pour les SAOS, la loi prévoit l'interdiction de distribuer les dividendes, le tiers du capital doit être détenu par l'association sportive support du club, les actions sont nécessairement émises sous la forme nominative.

[18] EVINA OBAM (R.), TOCKE (T.A.), « La politique de financement public du sport au Cameroun. Quels enjeux pour quelle politique fiscale ? », in, *États des recherches sur le sport et l'olympisme au Cameroun (1963-2013) : bilan, controverses et perspectives,* SHS Web Conf., Volume 32, 2016. Disponible sur le site,

[19] https://www.shs-conferences.org/articles/shsconf/abs/2016/10/shsconf_cnosc2014_02003/shsconf_cnosc2014_02003.html.

[20] MOUAFFO NOPI (A.), *Culture et football au Cameroun. ~~le~~ Le cas du canon sportif de Yaoundé dans la région du centre ; une contribution à l'anthropologie du football*, Mémoire de Master en Anthropologie, Université de Yaoundé 1, 2014.

objet sportif ne suffit pas pour être affilié aux compétitions organisées par la LFPC et la FECAFOOT. Le demandeur doit avoir obtenu en plus, une autorisation du Ministre en charge des sports présentée sous la forme d'un agrément. En effet, l'agrément est un accord devant être obtenu de l'administration pour que certaines réalisations projetées par les particuliers puissent être exécutées[20]. Dans le cadre des organisations de football, l'agrément permet au Ministre en charge des sports de marquer son accord, sous réserve du respect par son bénéficiaire des conditions légales de pratique du football. Il s'agit donc d'un acte de l'autorité administrative qui atteste que l'organisation sportive est légale et peut pratiquer les activités footballistiques organisées par la LFPC. C'est ce qui en ressort de l'article 31 de la loi n° 2011/018 du 15 juillet 2011 relative à l'organisation et à la promotion des activités physiques et sportives qui dispose que « *Le fonctionnement des clubs sportifs amateurs et professionnels est soumis à l'agrément préalable du Ministre en charge des sports* ».

Dans cette sentence de la CCA, il est reproché à la Société Anonyme Canon Sportif de Yaoundé (SAOS) d'avoir méconnu la procédure de l'agrément. En effet, en droit Camerounais, la procédure d'obtention de l'agrément est régie par l'arrêté n°018A/MINSEP/SG/CJ du 24 Octobre 2006 fixant les conditions et les modalités d'octroi et de retrait des agréments aux associations sportives et d'éducation physique. Ainsi, dans le processus de l'obtention de l'agrément du ministre, un dossier d'agrément doit préalablement être constitué. Les diverses pièces requises à cet effet démontrent que l'objectif de la procédure d'agrément consiste à s'assurer de la légalité et de la capacité des organisations sportives à participer aux compétitions du football professionnel. L'agrément consiste précisément à vérifier si l'organisation sportive détient les fonds nécessaires pour assurer son fonctionnement, et si les encadreurs bénéficient d'une capacité technique suffisante pour assurer la formation et l'encadrement des équipes. Tout au plus, il est question à travers la procédure d'agrément de vérifier si

[21] SOUMELONG (A.C.), *Le statut juridique des Clubs de football au Cameroun*, Mémoire de CAPEPS, INJS, 2012, p.14.

l'organisation sportive dispose d'un siège social ainsi qu'une localisation pour les infrastructures techniques. En exigeant ainsi au Canon Sportif de Yaoundé de fournir un agrément, les arbitres de la CCA du CNOSC veulent vérifier si au-delà de la constitution de ces organisations en sociétés anonymes avec objet sportif, il ne s'agit pas d'une association fictive sans existence pratique où effectuant ses activités en marge de la loi. En déclarant ainsi l'argument du Canon Sportif de Yaoundé (SAOS) non fondé, les arbitres de la CCA-CNOSC réaffirment le caractère impératif et d'ordre public de l'argument délivré par le Ministre en Charge des sports.

III. CHRONIQUE DE LÉGISLATION

RÉGLEMENTATION DE LA PROFESSION D'AVOCAT MANDATAIRE SPORTIF

Jim MICHEL-GABRIEL

Avocat à la Cour,
Spécialiste en Droit de la Propriété Intellectuelle Président Fondateur de l'Association des Avocats Mandataires Sportifs (ADAMS)

Le statut d'Avocat mandataire sportif est une création de la loi de modernisation des professions juridiques et judiciaires du 28 mars 2011. L'article 6ter de la loi du 31 décembre 1971 dispose que *« les Avocats peuvent dans le cadre de la réglementation qui leur est propre, représenter, en qualité de mandataire, l'une des parties intéressées à la conclusion de l'un des contrats mentionnés au 1er alinéa de l'article L222-7 du code du Sport »*.

Quant à lui, l'article L222-7 du Code du Sport énonce que *« L'activité consistant à mettre en rapport, contre rémunération, les parties intéressées à la conclusion d'un contrat soit relatif à l'exercice rémunéré d'une activité sportive ou d'entraînement, soit qui prévoit la conclusion d'un contrat de travail ayant pour objet l'exercice rémunéré d'une activité sportive ou d'entraînement ne peut être exercée que par une personne physique détentrice d'une licence d'agent sportif »*.

Ainsi, les parties intéressées à la conclusion de ce type de contrat sont les sportifs, les entraîneurs et les clubs.

Dès lors, outre sa prestation de conseil juridique, un Avocat mandataire sportif a pour mission générale de représenter une des parties intéressées susvisées lors de la conclusion d'un des contrats précités.

Toutefois, un Avocat mandataire sportif peut également les assister, rechercher des contrats pour leur compte, négocier en leur nom des contrats relatifs à l'exercice rémunéré d'une activité sportive ou d'entraînement ou encore rédiger des contrats. Tout comme le prévoit l'article L222-17 du Code du sport pour les agents sportifs, l'article 10 de la loi du 31 décembre 1971 inséré par l'article 4 de la loi du 28 mars 2011 énonce que le montant de la rémunération de l'Avocat mandataire sportif ne peut excéder 10 % (dix pour cent) du montant du contrat conclu par les parties. On pourrait donc penser, à tort, que le métier d'Avocat mandataire sportif s'apparente à celui d'agent sportif. Cependant, il existe des différences fondamentales entre les deux.

En premier lieu, contrairement à l'agent sportif, l'Avocat dispose d'un certificat d'aptitude à la profession d'Avocat et a au moins effectué 6 années d'études de Droit. En ce sens, il est un véritable Expert Juridique. L'agent sportif quant à lui est titulaire d'une licence délivrée par la Fédération du sport concerné.

En second lieu, l'Avocat mandataire sportif n'étant ni plus ni moins qu'un Avocat, demeure soumis aux règles déontologiques attachées à sa profession. Ce sont des règles fondamentales auxquelles aucun Avocat ne peut déroger sous peine d'encourir une radiation du Barreau par le Bâtonnier de l'Ordre où il est inscrit.

À cet égard, l'Avocat mandataire sportif doit faire preuve, entre autres, de probité, d'indépendance, de confidentialité, d'honneur, de diligence… Ainsi, les Avocats sont notamment soumis à une obligation de transparence de leurs honoraires. Ces règles constituent donc une protection pour les sportifs alors que les enjeux dans le secteur du sport sont de plus en plus importants.

Il est à souligner qu'un différend oppose actuellement d'un côté l'Ordre des Avocats du Barreau de Paris et l'Association des Avocats Mandataires Sportifs (ADAMS) et de l'autre côté, l'Association Union des agents sportifs de football, la Fédération Française de Football (FFF), la Fédération Française de Rugby (FFR.) et le Comité National Olympique du Sport Français (CNOSF).

En effet, l'Ordre des Avocats du Barreau de Paris a inséré en juin

2020 un nouvel article 6.3.0.3 au Règlement Intérieur du Barreau de Paris (RIBP) de la profession d'Avocat.

Ledit article dispose que *« l'Avocat peut en qualité de mandataire sportif exercer l'activité consistant à mettre en rapport, contre rémunération, les parties intéressées à la conclusion d'un contrat soit relatif à l'exercice rémunéré d'une activité sportive ou d'entraînement, soit qui prévoit la conclusion d'un contrat de travail ayant pour objet l'exercice rémunéré d'une activité sportive ou d'entraînement. L'Avocat agissant en qualité de mandataire sportif ne peut être rémunéré par son client. Cette activité doit donner lieu à une convention écrite qui peut, le cas échéant, stipuler que le joueur donne mandat au club sportif de verser en son nom et pour son compte à l'Avocat, les honoraires correspondant à sa mission ».*

Or, le Procureur Général près la Cour d'Appel de Paris a formé un recours en annulation contre l'article 6.3.1.3 du RIBP en ce qu'il permettait, selon elle, aux Avocats mandataires sportifs d'être payés par le club (alors que ledit article prévoyait que le club pouvait rémunérer l'Avocat sur le principe du paiement pour ordre et compte du sportif) ainsi que d'exercer en tant qu'intermédiaire et donc d'exercer une activité commerciale à titre principal, ce qui leur est interdit.

La Cour d'Appel de Paris a rendu le 14 octobre 2021, un arrêt annulant l'article 6.3.0.3 du RIBP.

L'Ordre des Avocats du Barreau de Paris et l'A.D.A.M.S. ont formé un pourvoi en cassation contre l'arrêt de la Cour d'Appel de Paris.

Selon moi, ce recours a toutes ses chances d'aboutir puisque de solides arguments y sont présentés.

Tout l'enjeu sera de faire comprendre à la Cour que la profession d'Avocat mandataire sportif constitue une sécurité juridique de nature à protéger les sportifs contre certaines dérives. Toujours est-il que l'Avocat mandataire sportif, fort de sa formation juridique, est parfaitement armé pour accompagner les sportifs tout au long de leur carrière et même de leur après-carrière face aux nombreuses opérations juridiques auxquelles ils sont confrontés.

L'Avocat mandataire sportif peut :

- Conseiller, les sportifs dans la gestion de leur image dans un secteur où l'image prend une place de plus en plus forte et doit donc être nécessairement maîtrisée,

- Et accompagner, les sportifs dans la négociation et la rédaction de contrats (de travail, de sponsoring, d'investissement).

En cas de contentieux, l'avocat mandataire sportif peut représenter les sportifs devant les clubs mais aussi toute instance disciplinaire (Ligues et Fédérations) ou judiciaire (Tribunaux).

L'Avocat mandataire sportif, de par sa déontologie, est un professionnel indépendant dédié à la protection et la défense des intérêts des sportifs.

IV. NOTE DE LECTURE

LE SERVICE PUBLIC DU SPORT EN AFRIQUE NOIRE, L'EXEMPLE DU CAMEROUN

Moustapha KAMARA

Docteur en droit du sport, MBA,
Avocat au Barreau de Marseille,
Professeur à l'EAJF de Paris.

Thèse de doctorat en droit du sport soutenue à Limoges en 1986 par Dr François Claude DIKOUME

La belle thèse de doctorat de droit public du sport « le service public du sport en Afrique noire, l'exemple du Cameroun» soutenue le 1er décembre 1986 par le Professeur François Claude DIKOUME à l'université de Limoges se présente en trois parties :

- La reconnaissance des institutions sportives supranationales.
- Le rôle incitatif des institutions publiques camerounaises.
- Le contrôle des institutions sportives camerounaises.

Présentation de l'auteur

L'auteur François Claude DIKOUME de nationalité camerounaise, est docteur en droit public de l'université de Limoges et Professeur certifié d'EPS. Il a été directeur des Etudes à l'INJS, directeur des sports, directeur de l'éducation physique, conseiller technique du ministère des sports, vice-président du CIGEPS à l'Unesco, membre du TAS, membre du CNOSC, vice président de la CCA, directeur de l'observatoire du mouvement sportif du CNOSC, enseignant associé à l'IRIC et à l'INJS.

Les objectifs de l'auteur sur la notion de service public du sport en Afrique

Principalement,

- Démontrer la spécificité de la gestion du sport en Afrique

- L'Etat en Afrique est au commencement et à la fin de la gestion du sport. En effet, selon l'auteur *« il n'y avait de gestion du sport que pour servir les intérêts de l'Etat en somme ».*

Subsidiairement,

- Définir la structure du sport mondial

- L'organisation du sport au Cameroun et son « entrisme » aux instances internationales

- L'avènement et l'influence de la « démocratie sportive » et de la puissance sportive qui leur donnent plus d'aura mais qui doivent cependant associer les États africains à l'élaboration de textes devant les régir.

- Constater le relâchement de la posture dominante de l'Etat

Problématique de la thèse et bilan vingt ans après

Qu'est devenu le service public du sport en Afrique noire ?

L'étatisation prépondérante et dominante d'il y'a deux décennie s'est-elle affirmée ou relâchée avec les mutations du monde ?

A-t-elle subi une mutation, formelle ou est-elle immuable ?

Apport de la thèse

Le Professeur François Claude DIKOUME dans sa brillante thèse précise qu'il a constaté le passage d'une étatisation outrancière pour s'imprégner de la réalité de l'autonomie des organismes sportifs nationaux et internationaux.

Ce revirement se constate sur trois aspects :

- participer à l'exécution d'une mission de service public

- déterminer librement ses statuts et règles de fonctionnement

- la collaboration, l'Etat tout en assurant la tutelle des fédérations sportives nationales, se comporte désormais en cocontractant de celles-ci. Pour l'auteur, cette novation imposée par la conjoncture de pouvoirs plus qu'une passation volontariste se manifeste par le wording suranné des normes sportives nationales des états d'Afrique.

En effet, le Pr DIKOUME poursuit en expliquant qu'il y'a nécessairement une dichotomie entre le comportement de l'Etat qui dans sa pratique se place plus comme partenaire du mouvement sportif national en agissant comme un cocontractant et, les dispositions des textes qui continuent à consacrer la prééminence de l'Etat. En cas de conflit, les normes nationales en matière de sport plaident parfois pour une tutelle rigide.

En outre, l'auteur précise qu'il apparaît que la tendance à l'inclusion de l'Etat sous la forme de partenariat devra permettre un dialogue intentionnel entre les représentants de l'Etat et ceux des organismes internationaux sur des bases conventionnelles atténuant les ingérences et la suspicion. Mais pour l'instant constatons que dans la gestion du sport en Afrique, l'Etat n'est plus tout puissant comme dans les années 80 ; le noyau dur de sa force a été rogné par des atomes venus du mouvement sportif bénéficiant des oscillations favorables de la conjoncture internationale. Par conséquent, l'Etat est au final, l'un des acteurs du service public du sport en Afrique et non plus son détenteur exclusif mais il n'est pas éteint car, il en a la portion essentielle.

Les intérêts de la thèse pour le lecteur

Sur le fond, le lecteur pourra se faire une idée claire des grandes notions du droit public classique en général et du droit public du sport en particulier ; avec la notion de service public, de délégation, etc.

Sur le fond, outre la qualité indéniable de l'écriture, le Professeur François Claude DIKOUME est l'auteur de la première thèse de doctorat en droit public consacrée à l'Afrique noire. Le lecteur pourra s'imprégner du fonctionnement d'institutions sportives internationales (CIO, FIS, etc) et africaines comme le CSSA, l'ACNOA, le CNOSC, la FECA - FOOT, le Ministère des sports etc..). S'agissant du conseil supérieur du sport en Afrique (CSSA) c'est une super-fédération sportive. Créée en 1966, elle regroupait les ministres chargés des sports et les présidents des confédérations sportives. Le CSSA a été par la suite reconnu en 1977 comme l'une des institutions spécialisée de l'OUA devenue union africaine (U.A) en 2022. Il a pour principale fonction ; la définition d'une politique sportive du continent africain. Ensuite, l'association des comités nationaux olympiques d'Afrique (ACNOA) fondée le 28 juin 1981 sera présentée. En effet, l'ACNOA est le régulateur technique du mouvement sportif africain devenant l'organe continental de gestion pratique du sport. En 2008, elle s'occupe de la mise en place des Jeux africains.

Enfin, le conseil des ministres de sport de l'union africaine (CMSUA) s'occupe des questions essentiellement politiques.

Par ailleurs, la riche bibliographie complète et essentiellement basée sur le sport africain est une source inestimable pour tout chercheur s'intéressant à ce sujet.

En outre, les annexes de la thèse présentent l'ensemble des textes législatifs et règlementaires relatifs au sport camerounais.

Enfin, la thèse de François Claude DIKOUME inspirera de nombreuses thèses sur le même sujet sur d'autres pays africains comme le Mali et le Sénégal.

V. ACTUALITÉ JURIDIQUE

CONDAMNATION DE M. ETO'O FILS EN ESPAGNE ET CONTESTATION DE SA QUALITÉ DE PRÉSIDENT DE LA FECAFOOT : QUE DIT LE DROIT ?

Guy Armel TAMKAM SILATCHOM
Agrégé des Facultés de Droit,
Consultant

En prélude à l'Assemblée générale de la FECAFOOT de samedi dernier, le Secrétaire général de ladite institution a reçu une correspondance de certains Délégués dans laquelle ceux-ci contestent la qualité de président de Monsieur Samuel ETO'O Fils et par voie de conséquence la légalité des actes qu'il pose. Cette contestation est due à la condamnation à la prison ferme pour fraude fiscale dont il a fait l'objet en juin dernier. Au-delà du fait que cette démarche défraye la chronique, il y a lieu d'apporter quelques éclairages sur le plan du droit. On se rendra compte à l'évidence que la démarche des Délégués dissidents de la FECAFOOT est légalement non fondée (1) et formellement vouée à l'échec (2).

1. Une démarche légalement non fondée

Au soutien de leur action, Ces délégués évoquent les dispositions combinées des articles 36 et 47 des Statuts de la FECAFOOT.

L'article 36 qui traite des conditions générales d'éligibilité dispose que *« tout candidat au poste de membre du Comité exécutif doit remplir les conditions d'éligibilité suivantes : (...) c) n'avoir pas été condamné à une peine définitive* *privative de liberté sans sursis ; d) n'avoir pas été condamné à une peine définitive privative de liberté assortie de sursis simple ou avec probation supérieure à six mois ».*

L'article 47 dispose que *« Le poste de Président sera considéré comme vacant (...) si le Président se retrouve en situation (...) d'inéligibilité ».*

Une interprétation erronée de ces textes par certains acteurs jette de la confusion dans l'opinion. En effet, des personnes non avisées estiment que la condamnation de M. ETO'O le met en situation d'inéligibilité.

L'éligibilité c'est la capacité à être candidat à une élection ; et elle n'est évoquée et vérifiée qu'au début d'une élection. L'article 36 des Statuts de la FECAFOOT énumère alors l'ensemble des conditions.

Ce qui pose problème c'est l'article 47 qui est mal interprété. Cet article ne signifie pas que, si au cours du mandat le Président est condamné à une peine privative de liberté, il est en situation d'inéligibilité. Ce sera appli- qué la sanction pénale avec des effets rétroactifs, ce qui est pour le moins curieux en droit.

L'article 47 parle de *« l'inéligibilité en cours de mandat »* et c'est cette notion qui détermine le motif de la vacance dans le cas d'espèce. Or, l'inéligibilité en cours de mandat doit être interprétée à la lumière de l'article 36 qui fixe les conditions d'éligibilité. Autrement dit, elle est la sanction qui frappe le résultat de l'élection lorsque en cours de mandat, il est rapporté la preuve que l'une des conditions de l'éligibilité n'a pas été respectée et donc que la candidature de celui qui a été élu n'était pas recevable. Cette irrégularité entache ainsi l'élection qui est réputée frauduleuse suivant l'adage *« FRAUS OMNIA CORROMPIT »*, en raison de l'inéligibilité du candidat qui a été élu. La preuve de l'inéligibilité a donc un effet rétroactif (nullité de jure de l'élection) et rend ainsi vacant le poste.

Or, il importe d'insister sur le fait que l'éligibilité d'une candidature s'apprécie au moment de l'élection et donc concerne exclusivement les situations qui se sont constituées avant le vote. C'est dire que des faits survenus après l'élection n'ont aucun effet sur l'élection mais plutôt sur le mandat : il s'agit alors de la déchéance et non de l'inéligibilité. Or, il existe un vide juridique dans les statuts de le FECAFOOT sur la question de déchéance. Bien que la condamnation au pénal emporte généralement la déchéance, il faudrait encore que la décision qui condamne ETO'O en Espagne l'ait prévue et qu'elle soit exécutoire dans l'ordre juridique camerounais.

Même s'il faudrait par une gymnastique intellectuelle et par hasard suivre ces Délégués dans leur démarche de disqualification de M. ETO'O Samuel, il y a lieu de regretter que celle-ci est vouée à l'échec.

2. Une démarche formellement vouée à l'échec

Il y'a lieu de relever que la condamnation de M. ETOO Samuel a eu lieu en Espagne, donc pas sur le territoire camerounais. La question juridique qu'il faudrait alors se poser est relative à l'effet d'une décision pénale étrangère au Cameroun. Est-ce que la condamnation de M. ETO'O en Espagne peut produire des effets au Cameroun ?

Les délégués en question ont vite fait d'éluder ces questions en allant directement signifier à la FECAFOOT le défaut de qualité de Président de M. ETO'O et par voie de conséquence l'illégalité des actes qu'il pose. Cette démarche est pour le moins curieuse. En effet, les délégués en question auraient du au préalable questionner la problématique de l'effet de cette décision au Cameroun. Autrement dit, se demander si cette décision est exécutoire dans l'ordre juridique camerounais ?

Sur la question, le Code pénal camerounais en son article 14 prévoit que *« Les sentences pénales prononcées contre quiconque, par des juridictions étrangères, ne produit d'effet sur le territoire de la République que si :*

- Le fait est qualifié de crime ou délit de droit commun par la loi pénale de la République ;

- La régularité de la décision, son caractère définitif et sa conformité à l'ordre public de la République sont constatés par la juridiction saisie d'une poursuite à l'encontre de la même personne ou par la Cour d'Appel du lieu de résidence du condamné saisie par le Ministère public ».

Ces deux conditions sont cumulatives et non alternatives. Si la première condition est remplie au regard du fait que la fraude fiscale est également prévue et réprimée par la Loi pénale du Cameroun, la deuxième est loin de l'être. En effet, pour qu'une décision pénale étrangère produise des effets au Cameroun, il faudrait une décision du juge camerounais constatant sa régularité, son caractère définitif et sa conformité à l'ordre public du Cameroun. Or, ce n'est pas le cas avec la décision condamnant ETO'O. Il y a donc le lieu de constater que la décision le condamnant en Espagne n'est pas, pour l'instant, exécutoire sur le territoire Camerounais. Il est donc nécessaire d'engager la procédure de constatation de sa régularité et ce qui aura pour conséquence de la rendre exécutoire dans l'ordre juridique camerounais. Même si cette formalité est accomplie et que la décision est exécutoire dans l'ordre juridique camerounais, elle n'aura aucun effet sur le mandat car, elle ne mettra pas M. ETO'O Samuel en situation d'inéligibilité.

En conclusion, M. ETO'O Samuel demeure Président de la FECAFOOT. Il n'est pas en situation d'inéligibilité. L'application des articles 36 et 47 demandée par les Délégués dissidents est en l'espèce inopérante.

VI. ENTRETIEN

ENTRETIEN AVEC LAURENCE ISERE DU GROUPE VIVENDI

Par Me **MOUSTAPHA KAMARA**

Question 1 : Quel est votre parcours professionnel ?

Depuis Décembre 2021, je travaille pour VIVENDI SPORT, qui fait partie du groupe VIVENDI. En effet, je suis consultante et je fais partie d'un groupe de 06 consultants qui accompagne des jeunes adultes qui n'ont jamais travaillé sur des Grands Évènements Sportifs Internationaux (GESI).

Nous les accompagnons pour l'organisation de la Coupe d'Afrique des Nations qui se tiendra en Janvier 2024 en Côte d'Ivoire ; nous accompagnons le COCAN (Comité d'organisation de la coupe d'Afrique des nations). Notre rôle est de livrer l'évènement, tout en formant des jeunes adultes qui n'ont jamais travaillé sur des GESI. Il y'a donc une grosse partie d'héritage, puisque l'idée c'est de former des personnes qui seront des managers dans le domaine du sport en Cote d'Ivoire dans le futur.

La Côte d'Ivoire ayant l'objectif de livrer la plus belle édition de cet évènement a absolument tenu à se faire accompagner par des consultants qui ont déjà livré un évènement de grand envergure et qui peuvent former et transmettre leur savoir-faire aux jeunes adultes qui ont été recrutés localement. Nous travaillerons pendant 02 ans avec ces chefs de projets et l'idée c'est de faire en sorte que demain ; eux, puissent former d'autres personnes et soient des managers accomplis de l'organisation des GESI.

Question 2 : C'est quoi le marketing sportif ? Pourquoi avez-vous choisi cette filière ?

Tout d'abord, pourquoi mon choix s'est porté sur le marketing sportif ? En fait, je pense que c'est plutôt le marketing sportif qui est venu à moi, j'ai pas vraiment décidé. Ce qui s'est passé c'est que, j'ai été étudiante en maitrise Éducation et motricité et mon objectif était de faire de la biologie appliquée au sport, c'est ce qui m'attirait. Je me voyais dans un laboratoire à faire des expériences sur des sportifs, j'ai fait un stage et mon mémoire de maitrise avait donné lieu à 02 publications. Malheureusement il y'avait pas beaucoup d'opportunités dans ce domaine en France, les laboratoires fermaient, il y'avait pas beaucoup de boulot sur le marché de ce secteur. En même temps, dans mon université (Paris 10), la branche de management du sport ouvrait, elle était à sa deuxième année lorsque nous avons fait la demande pour basculer dans cette maitrise (nous étions un petit groupe de 03). J'ai dès lors découvert un autre univers qui était plutôt de l'ordre des organisations sportives tant du secteur privé que du secteur public. On a traité différentes matières telles que le droit du sport ; la communication ; le marketing, le management des services, les lois sur le sport. On a étudié tout ceci et j'étais particulièrement intéressée parce que ça sollicitait les mêmes capacités d'analyse qu'en biologie appliquée au sport. Voilà comment j'ai changé de voie.

Quand on parle par contre de marketing du sport ou marketing sportif, c'est quelque chose de très vaste. Dans cette discipline, il y'a le marketing des biens, c'est-à-dire tout ce qui va être équipement sportif, les infrastructures pour le sport, mais il y'a aussi le marketing des services sportifs qui va très loin également. Ce que je trouvais davantage intéressant, c'est l'aspect sponsoring ; savoir comment une marque pouvait utiliser les valeurs du sport pour pouvoir communiquer, augmenter sa notoriété mais aussi son image ? L'autre aspect était de savoir comment une fédération peut générer des revenus à travers les évènements qu'elle organise ? Et c'est sur cet aspect que je travaille depuis pas mal d'années. À cet effet, je peux dire qu'organiser un évènement sportif requiert pas mal de ressources, cela a un coût, certains sont directs, d'autres sont endossés par l'État. Voilà pourquoi il est important que celui-ci soutienne l'organisation des évènements ; il peut y avoir de grands chantiers qui verront le jour ; c'est pourquoi il faut étudier toutes les différentes sources de revenus potentielles que peux générer un évènement. La réalité est que beaucoup de pays et de marchés ne sont pas très avancés dans la réflexion du savoir générer des revenus à travers un évènement sportif et je trouve qu'il serait intéressant de le développer en Afrique

Question 3 : Que requiert l'organisation d'un grand évènement sportif international ?

De toute façon, ça requiert beaucoup de travail et aussi beaucoup de volonté. Il faut avant tout une volonté politique derrière laquelle tout le monde doit s'aligner. Il faut savoir quel est l'objectif du pays quand il décide d'accueillir un évènement sportif ? Bien sûr, il y'a des objectifs qui sont déclarés, mais il y'en a d'autres qui sont un peu plus cachés. C'est des éléments qu'il est bon de connaitre avant de se lancer dans l'organisation d'un grand évènement.

Il faut en appui avec cette volonté politique, avoir un gouvernement et une transversalité au niveau du gouvernement car il y'a beaucoup de prestations de services, des supports qui vont être liés à différents départements ministériels. Le Président de la République ou le Premier Ministre devrait pouvoir bien orchestrer tout cela. On touche au transport public, les affaires étrangères puisqu'on fait venir les populations d'ailleurs, il faut donc qu'il y ait des facilités pour que les sportifs étrangers, les spectateurs puissent venir sans soucis dans le pays. On peut également parler du ministère des finances puisque l'organisation d'un grand évènement nécessite des grands flux d'argent et pour cela le ministère des finances va être en support à l'organisation de cet évènement. On parle aussi de sécurité, l'engagement des différentes forces de l'ordre.

L'organisation requiert également la mobilisation de toutes les parties prenantes ; en effet, le mouvement sportif est pleinement partie prenante à l'organisation d'un évènement sportif, mais on a aussi besoin de forces économiques comme les sponsors des évènements qui permettront de financer en partie l'évènement qui coûte mais sera également très suivi.

L'organisation d'un GESI nécessite la mise en place d'un comité d'organisation structuré avec des fondations solides, ce qui veut dire que le président de ce comité devra avoir les appuis nécessaires pour la mission et le comité devra être structuré suivant un canevas prédéfini. Il existe plusieurs modèles sur lesquels les organisateurs peuvent s'appuyer avec différents projets, il y aura forcément un projet lié à la compétition elle-même à savoir l'organisation, le calendrier, l'accueil des populations sportives. Un autre projet portera sur le transport, puisqu'il faudra transporter les populations cibles ou alors sur le plan de la mobilité pour les spectateurs, l'hébergement de ceux qui travaillent sur l'évènement, des sportifs, etc. Beaucoup de projet se mettront autour pour satisfaire les besoins qui auront été identifiés pour les populations cibles à savoir : les sportifs, les arbitres, les sponsors, les diffuseurs télé, les spectateurs, les volontaires.

Organiser un évènement requiert du temps et le temps doit être un allié, vu que lorsqu'une compétition s'achève, on sait à quelle échéance aura lieu la prochaine. À partir du moment où le pays hôte est désigné, le travail doit déjà se mettre en marche, on n'attend pas en principe la fin d'un évènement pour se mettre à travailler sur le suivant. Il y'a des organisations parallèles, le Qatar par exemple s'est mis au travail pour sa coupe du monde à partir de celle de 2010 pour pouvoir livrer cet évènement. Dans d'autres pays, ce cycle est beaucoup plus court néanmoins le temps est quelque chose de précieux car plus on commence tôt, mieux ca vaut pour l'organisation d'un évènement, surtout lorsque les infrastructures ne sont pas construites.

On a également besoin d'une ressource humaine de préférence expérimentée, ça permet de gagner du temps et d'aller très vite sur les livrables, la gestion des projets. Il faut à défaut pouvoir former les gens, pour des compétences bien spécifiques et il faudra pouvoir mettre tout ça en ordre.

On a besoin d'une planification de l'ensemble des activités qui vont être groupées par famille, par projet peut-on dire : billetterie ; diffuseur télé ; compétition ; médias. Tous les ensembles d'activités vont être organisés dans le temps et elles vont rythmer. Toutes seront répertoriées dans ce qu'on appelle un Master plan et celui-ci nous permet de savoir si on a du retard ou pas ? où on en est ? (Bien souvent, il y'a du retard, faut pas se leurrer)

Les activités planifiées doivent être faites avec une visibilité sur l'héritage, car les choix qui sont opérés bien souvent ne sont pas les mêmes selon qu'on est sur une approche selon laquelle « il y'a un évènement et après il ne se passera plus rien » ou bien si on est sur une approche d'un évènement avec la volonté de laisser quelque chose derrière. Ça peut impacter les activités que l'on met en place et la façon dont on organise les choses. Un tel projet ne va pas sans de nombreuses décisions à prendre, bien qu'on utilise un canevas ; chaque pays a ses spécificités, et à un moment donné, on va être amené à prendre des décisions. Il faut donc un organe de décision ou à défaut mettre en place des processus de validation qui vont permettre d'avoir des réponses assez rapides au niveau de la prise de décision. Bien souvent lorsqu'il y'a du retard dans la livraison d'un évènement, c'est que les décisions n'ont pas été prises à temps au temps voulu.

Après il faut savoir comment on travaille avec tous ces projets ? Ça part en réalité du cahier de charge de l'organisateur. Bien évidemment, à l'origine un contrat est passé entre le pays hôte et un détenteur de droit qui est une organisation sportive internationale, c'est de là qu'émane un cahier de charge qui dit quelles sont les attentes ? quelles sont les livrables ? et en fonction de ça les projets vont identifier les besoins de chaque secteur et chaque besoin va donner lieu à la rédaction d'une fiche technique ou aussi d'un cahier de charge qui sera beaucoup plus technique (Je me redis un peu mais c'est important). D'un côté, on a un cahier de charge qui correspond aux livrables et d'un autre côté on va définir des cahiers de charges beaucoup plus spécifiques pour les prestataires avec lesquels on va devoir travailler pour livrer ce qui est attendu par l'organisateur.

Par conséquent, il se met en place toute une procédure d'identification des besoins ; de rédaction des cahiers de charges ; d'appels d'offres quand c'est nécessaire et suivant le code de passation de marchés du pays ; des choix des prestataires. Commence dès lors la collaboration avec les prestataires sélectionnés dans différents projets pour accompagner l'organisation de l'évènement.

En terme de travail, on ne peut pas occulter la formation des équipes qui vont faire le travail en amont de l'évènement, ce qui est appelé la phase pré-opérationnelle qui va consister à aller visiter les infrastructures sportives, faire des repérages, définir des procédures de flux entre les différentes populations ; des besoins en terme d'équipements, de matériels de structure temporaire. Ces équipes vont mettre en place des procédures qui sont communes à tous, ensuite vont être identifiées les spécificités par stade, puis elles vont former des équipes qui vont venir occuper des postes pendant la compétition; enfin, le débrief se fera.

Voilà en gros ce que requiert l'organisation d'un grand évènement sportif et le travail qui en découle.

Question 4 : Quel est l'impact des gros évènements sportifs sur l'économie du pays organisateur en terme d'héritage ?

Cet héritage n'est pas uniquement sur le plan économique, il est beaucoup plus large, on parle d'héritage matériel et immatériel.

Sur le plan matériel, les GESI laissent un héritage matériel en termes d'infrastructures sportives et non sportives. En termes d'infrastructures sportives, on voit les stades, les gymnases, les piscines, les espaces où ont lieu la compétition, les lieux d'entrainements de la compétition qui devront être mis en norme pour l'accueil des populations sportives que sont les sportifs et les spectateurs.

On a aussi les installations non sportives. Lorsqu'un pays accueille un grand évènement sportif, celui-ci aspire à attirer des spectateurs qui viennent de l'étranger, en favorisant la mobilité locale sur le territoire pour aller d'une infrastructure sportive à une autre. Il s'agit donc d'infrastructures améliorées, rénovées ou parfois construites telles que celles liées à l'hôtellerie, la restauration, le transport (aérien et terrestre le plus souvent). Il peut y avoir des pleins de mobilités qui soient mis en place pour des évènements spécifiques, comme de nouveaux types de transport, tels que les lignes de tramway, les lignes de métro… Tout ceci est développé en vue d'accueillir un GESI mais ca va rester dans le pays.

Sur le plan immatériel, on peut parler de l'image du pays. Beaucoup de pays utilisent les GESI pour améliorer leur image (Qatar ; Afrique du sud ; Allemagne). Les pays cités ont pour moi bien profité des coupes du monde de football qu'ils ont organisé pour améliorer leur image aux yeux du monde.

On doit aussi prendre en compte le capital humain. Soit dans un pays, il y'a des personnes qui se sont familiarisées à l'organisation des GESI, et elles apporteront leurs expériences à l'organisation. Soit pour le pays tout entier, l'organisation de ces évènements est quelque chose de nouveau et à cet effet des professionnels de l'industrie du sport vont former des gens dans les domaines tels que la logistique organisationnelle, le marketing, la communication. Beaucoup de corps de métiers vont émerger en lien avec l'organisation des GESI. Celles-ci vont aussi rester dans le pays et vont pouvoir travailler sur d'autres évènements à l'avenir, parce qu'elles auront acquis un savoir-faire.

On peut également parler d'attractivité et de développement du territoire parce que l'évènement est très souvent attaché à une ville, ou à un pays et qui va faire l'objet de nombreuses visites d'étrangers. Il en découle qu'il y aura donc toute une économie qui sera liée à une forme de tourisme propre aux grands évènements. Ce tourisme va générer des revenus localement pour les hôtels, les restaurants, dans les magasins de souvenirs, mais aussi à tout ce qui va être lié à l'évènement. Ces éléments auront un impact sur l'économie du pays et vont rester dans le pays en héritage.

Enfin lorsqu'on parle d'héritage immatériel, on parle de comportement. Dans certains pays, la population a reçu des consignes sur son comportement au regard de l'arrivée d'étranger ; ces comportements vont parfois se pérenniser à l'avenir bien qu'ils n'aient été impulsés que pour l'évènement. On a le plus souvent la propreté des routes, le tri des déchets. On parlera aussi d'un héritage pour le mouvement sportif local qui hérite de personnes formées par les professionnels de l'industrie du sport qui ont une certaine compétence, un savoir-faire qui permettra de développer leur sport, le rendre encore plus attractif. Enfin le fait d'accueillir un GESI suscite une forte publicité pour le sport en question et augmentera le nombre de pratiquant dans la discipline, ce qui apportera un nouveau souffle, un nouvel élan à ce sport.

Question 5 : Quels sont les enjeux de l'organisation ? Pourquoi les pays se positionnent pour organiser un évènement ?

C'est pourquoi j'en reviens aux objectifs. Il est bon de savoir quel est l'ambition avouable des autorités et l'objectif caché. Tous les pays ont des objectifs différents.

Le Qatar depuis une dizaine d'années maintenant accueille des évènements sportifs, la coupe du monde était un peu la cerise sur le gâteau. L'idée du Qatar par exemple était de se faire connaître au niveau mondial, d'émerger sur la scène mondiale à travers le sport ; c'est un choix, c'est un parti pris.

Pour rappel, l'Allemagne avait une image très austère qui a beaucoup évolué après la coupe du monde 2006. Pareil pour l'Afrique du Sud qui était un pays réputé violent; suite à la coupe du monde 2010 où il n'y'a pas eu d'incidents (...) ou je crois qu'il n'y'a eu qu'un seul incident qui a été reporté ; mais les sondages qui ont été faits en fin de coupe du monde ont montré que les personnes qui sont venues en Afrique du Sud, ont été agréablement surprises de l'accueil de ce pays, de ses infrastructures, elles ont dépensé plus d'argent qu'elles n'avaient initialement prévu, elles étaient contentes d'être en Afrique du Sud. Ceci a encouragé et favorisé le tourisme dans les années suivantes, ça a littéralement changé la face du pays aux yeux du monde. Il y'a plein d'exemple comme ça.

Je dirais donc qu'il y'a un intérêt d'image qui s'associe à un intérêt économique par rapport au tourisme. Aussi, ne faut-il pas négliger le côté sportif, parce que les pays qui accueillent des tournois sont parfois des pays dans lequel il y'a déjà un intérêt pour un sport spécifique et accueillir un évènement va permettre de relancer ou de développer l'intérêt des gens pour la pratique de ce sport, notamment les jeunes, les enfants pour augmenter en quelque sorte sa base de licenciés. C'est donc une question de *branding* à mon sens, une question économique avec le tourisme ; mais il faut aussi prendre en compte les sponsors qui peuvent parfois influencer pour qu'un pays soit l'hôte d'une compétition. J'imagine bien que Coca-Cola et Visa, étant des compagnies américaines sont très enchantées que la prochaine coupe du monde arrive dans ce pays, parce que ca pourra leur permettre d'activer et d'augmenter leurs bases. Il est aussi possible pour les sponsors d'utiliser un pays hôte où ils ne sont pas présents pour se faire connaître.

Il y'a aussi un intérêt économique qui peut émerger de la part des sponsors qui soutiennent une organisation internationale. En 2010, avant la coupe du monde, il me semble qu'Émiraties n'avait pas un "slot" pour pouvoir atterrir en Afrique du Sud ; à l'époque était un sponsor de la FIFA mais sa flotte n'atterrissait pas encore en Afrique du Sud, mais je mettrais quand même un petit bémol là-dessus parce qu'il faudrait vérifier l'information.

Mais de façon générique soit le sponsor est présent dans un pays ce qui lui permet de renforcer sa position vis-à-vis de ses compétiteurs, soit ce sponsor n'est pas présent et cela lui permet de se faire connaître dans le pays où sera organisé l'évènement dont il est le sponsor.

Puisqu'il y'a l'aspect touristique, un GESI fait nécessairement venir une population étrangère qui viendra visiter le pays pour voir l'évènement. L'évènement sera l'excuse mais en plus, l'activité touristique va se développer, elle va générer des nuitées, des visites dans les espaces de loisirs (musées, zoo, centres d'attraction) et puis les restaurants.

Structures éditoriales du groupe L'Harmattan

L'Harmattan Italie
Via degli Artisti, 15
10124 Torino
harmattan.italia@gmail.com

L'Harmattan Hongrie
Kossuth l. u. 14-16.
1053 Budapest
harmattan@harmattan.hu

L'Harmattan Sénégal
10 VDN en face Mermoz
BP 45034 Dakar-Fann
senharmattan@gmail.com

L'Harmattan Cameroun
TSINGA/FECAFOOT
BP 11486 Yaoundé
inkoukam@gmail.com

L'Harmattan Burkina Faso
Achille Somé – tengnule@hotmail.fr

L'Harmattan Guinée
Almamya, rue KA 028 OKB Agency
BP 3470 Conakry
harmattanguinee@yahoo.fr

L'Harmattan RDC
185, avenue Nyangwe
Commune de Lingwala – Kinshasa
matangilamusadila@yahoo.fr

L'Harmattan Congo
219, avenue Nelson Mandela
BP 2874 Brazzaville
harmattan.congo@yahoo.fr

L'Harmattan Mali
ACI 2000 - Immeuble Mgr Jean Marie Cisse
Bureau 10
BP 145 Bamako-Mali
mali@harmattan.fr

L'Harmattan Togo
Djidjole – Lomé
Maison Amela
face EPP BATOME
ddamela@aol.com

L'Harmattan Côte d'Ivoire
Résidence Karl – Cité des Arts
Abidjan-Cocody
03 BP 1588 Abidjan
espace_harmattan.ci@hotmail.fr

Nos librairies en France

Librairie internationale
16, rue des Écoles
75005 Paris
librairie.internationale@harmattan.fr
01 40 46 79 11
www.librairieharmattan.com

Librairie des savoirs
21, rue des Écoles
75005 Paris
librairie.sh@harmattan.fr
01 46 34 13 71
www.librairieharmattansh.com

Librairie Le Lucernaire
53, rue Notre-Dame-des-Champs
75006 Paris
librairie@lucernaire.fr
01 42 22 67 13

www.ingramcontent.com/pod-product-compliance
Lightning Source LLC
LaVergne TN
LVHW010929061026
849535LV00007B/2313
* 9 7 8 2 1 4 0 3 4 6 5 3 8 *